크리스천
자녀 교육,
결혼을 어떻게
시켰어요?

KB191963

크리스천 자녀 교육, 결혼을 어떻게 시켰어요?

발행일   2023년 2월 3일

지은이   이훈구
펴낸이   손형국
펴낸곳   (주)북랩
편집인   선일영   편집   정두철, 배진용, 김현아, 윤용민, 김가람, 김부경
디자인   이현수, 김민하, 김영주, 안유경   제작   박기성, 황동현, 구성우, 권태련
마케팅   김회란, 박진관
출판등록 2004. 12. 1(제2012-000051호)
주소   서울특별시 금천구 가산디지털 1로 168, 우림라이온스밸리 B동 B113~114호, C동 B101호
홈페이지 www.book.co.kr
전화번호 (02)2026-5777   팩스   (02)3159-9637

ISBN   979-11-6836-726-5 03230 (종이책)   979-11-6836-727-2 05230 (전자책)

(주)북랩 성공출판의 파트너
북랩 홈페이지와 패밀리 사이트에서 다양한 출판 솔루션을 만나 보세요!
홈페이지 book.co.kr   •   **블로그** blog.naver.com/essaybook   •   **출판문의** book@book.co.kr

작가 연락처 문의 ▶ ask.book.co.kr

작가 연락처는 개인정보이므로 북랩에서 알려드릴 수 없습니다.

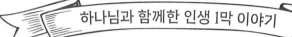

하나님과 함께한 인생 1막 이야기

크리스천 자녀 교육,

이훈구 지음

결혼을 어떻게 시켰어요?

북랩

프롤로그

        인생 1막 60세까지 하나님과 함께한 삶의 이야기를 글로써 표현을 하였다. 어머니로부터 물려받은 그 믿음의 유산에 대해서 감사한 마음을 가지고 세 자녀들에게도 믿음으로 잘 양육시키고 믿음의 가정들을 이루게 한 상세 내용들을 이야기하고 있다. 그리고 자녀들이 세상을 살아가면서 꼭 필요로 하는 마음과 삶에 임하는 자세를 올바르게 인도하기 위해서는 부모가 자녀들에게 물려줘야 할 아주 귀한 선물들에 대해 소개하고 있다.

   세 자녀가 모두 미국의 동부 명문대학교에 진학하게 하여서 전문적인 직업을 가지고, 미국 이민 생활 가운데서도 20대 중반 자녀 셋 모두를 한국 청년들과 결혼시킨 내용들을 상세하게 다루고 있다. 그리하여 60세 이전에 자녀 셋 모두 결혼을 시키고 손주까지 보게 된 경험과 노하우들을 함께 공유하고 있다.

많은 크리스천 부모들이 이 책의 내용들을 보면서 어떻게 신앙적으로 자녀들을 잘 양육했으며, 어떻게 미국의 동부 명문 대학을 보낼 수 있었는지 그리고 또 어떻게 하면 자녀들을 일찍 결혼시킬 수 있었는지에 대해 간접적으로 도움을 줄 수 있는 내용들이 담겨져 있다.

18년 5개월 동안 대기업에서 직장 생활을 하고 45세에 퇴직을 한 후 사업 아이템을 선정하는 과정과 사업의 미션이 무엇인지를 다루고 있다.

특히 사업 아이템 선정하는 과정에 6시그마의 X-Y 매트릭스를 적용하여서 선정하는 방법과 15년 동안 비즈니스를 하는 과정을 설명하고 있다.

60세 이전에 사업을 재편성하여서 평생 현역으로 살아가며 자신이 하고픈 일을 하는 동시에 매월 수입도 발생시킬 수 있는 사업으로 전환한 내용을 함께 소개하고 있다.

우리 현대는 평생 직장이 아니라 평생 직업이 꼭 필요한 시대를 살아가고 있다. 그런 측면에서 은퇴를 앞둔 직장인들이 이 책을 통하여서 어떻게 하면 자신의 평생 직업을 가질 수 있는지를 간접적으로 도움을 받을 수 있으리라 믿는다.

비즈니스를 통하여서 나온 이윤의 일부를 가지고 가족 중심의 자비량 선교회를 만들고, 미국에서 비영리 단체로 등록하고 글로벌하게 어려운 교회 선교지들을 돕고, 월드 비전을 통하여 어린이를 돕는 내용들을 함께 공유한다. 이 책을 통하여 많은 크리스천들이 예수님의 사랑을 함께 나누고 베풀고 남을 돕는 마음을 가질 수 있을 것이며 자신이 더욱 행복해지는 원리를 깨닫고 실천하는 데에 조금이나마 도움이 될 수 있을 것으로 본다.

여러 가지 취미 활동들을 함께 공유하고 건강 관리를 위한 정보도 함께 나누고 있으며, 여러 가지 동물들을 키우는 이야기들을 생생하게 설명하고 있다. 은퇴 후에 전원생활을 꿈꾸는 사람들에게도 조금이나마 도움이 되기를 바란다.

마지막으로 신앙적인 에세이를 통하여 삶의 우선순위를 어디에 두고 살아가는 것이 크리스천으로서 바람직한 삶인가에 대해 이야기하고 있다.

이 책을 통하여 많은 독자들과 자녀들이 믿음의 아름답고 행복한 가정을 만들어 가는 데에 조금이라도 도움이 되고, 삶의 질 향상에 도움이 되었으면 하는 바람이다.

G2G(Glory to God) 선교회 대표
이훈구

추천사

박명호
계명대학교 석좌교수
전) 계명문화대학교 총장

기독교인은 누구나 모범적인 믿음 생활을 원한다. 하지만 신앙인으로서 삶에서 훌륭한 행동을 실천하기는 정말 어렵다. 그래서 '행함이 없는 믿음은 죽은 믿음'이라고 강조한 야고보서의 말씀은 오늘을 살아가는 우리 기독인들에게 여전히 도전적인 교훈의 말씀이다.

여기 그리스도의 가르치심을 행동으로 실천한 한 사람이 있다. 본서의 저자인 이훈구 장로다. 그는 자신의 삶으로 믿음을 나타낸 보기 드문 그리스도인이다. 그는 오로지 기도와 하나님의 말씀을 기준으로 삶을 살아왔다. 항상 주어진 여건에 감사하며 어떤 경우에도 믿음을 지키며 기쁨으로 살아왔다. 하나님과 동행하며 그가 삶에서 맺은 열매가 그것을 증명한다. 이 한 권의 책에는 그의 삶의 여정과 그가 믿음으로 실천한 일들이 고스란히 담겨 있다.

이 책은 이 장로의 신앙인으로서의 자세와, 이웃과 가족을 위해 살아온 숱한 일들과, 기독인으로서 펼쳤던 사랑의 봉사를 생생하게 기록한 것이다. 늦깎이 이민 1세대로서 그가 살아왔던 인생길은 오직 주님의 영광을 위한 삶이었다. 민간 선교사로서 이웃 나라의 힘든 선교 지역을 돕고, 자녀들을 훌륭한 신앙인으로 키우고, 주의 교회를 위해 헌신하였다.

그의 일생 이야기는 이 시대를 살아가는 모든 이들에게 귀감이 될 것으로 믿어 의심치 않는다. 더 나은 미래를 기대하며 준비하는 모든 이들에게 희망의 메시지가 되기에 충분하리라 확신한다. 훌륭한 자녀 교육을 바라거나, 실천적 신앙인의 삶을 살기를 원하는 모든 이들에게 일독을 권한다.

추천사

김영철 장로

미주 한인 교회 정화 운동 협의회 대표
아리조나 피닉스 아르케처치 운영 위원장
은퇴한 미주 진단 방사선과와 핵의학 전문의사

5-6년 전에 필자가 제가 운영하고 있는 미주 한인 교회 정화 운동 협의회에 문의하여 본인이 장로로 시무하고 있는 교회의 문제를 상의하고 중재해 준 이후부터 지금까지 신앙의 동지로 연락하고 있으며 제가 시무하고 있는 아리조나 피닉스 아르케처치 온라인 줌 화상 예배에 지난 2년간 참석하시어 한달에 한번씩 말씀을 증거하고 있습니다.

신앙생활이 돈독하신 장로님의 글을 읽고 모태 신앙인으로 하나님이 마련하신 가정과 교회를 중심으로 시간과 정력과 물질을 바쳐 가면서 삶의 우선순위가 하나님을 신뢰하고 그분을 기쁘시게 하며 범사에 감사하고 늘 기쁜 마음으로 주님을 찬양하는 모습을 볼 수 있었습니다.

말씀과 기도로 자신의 신앙을 고양시키고 가족들을 위한 삶의 지침을 성경 말씀에 기초하여 실행케 함으로 훌륭하고도 성공적인 자녀들의 삶을 창출할 수 있도록 신앙의 유산을 받아 물려준 "인생 1막"을 엿보면서 다음에 전개될 "인생 2막"을 기대해 봅니다.

부패하고 타락한 세상에 휩쓸리지 않고 하나님 말씀 안에서 믿음으로 모든 것을 그분에게 맡기고 주님을 경외하며 그분의 말씀에 순종하여 아름답고 모범이 되는 가정을 이끌어 가신 필자의 신앙은 높이 평가하여야 할 것입니다.

금세에 보기 드문 신앙 생활의 롤 모델임을 확신하며 크리스찬 공동체인 가정과 교회의 성숙과 화평을 도모하며 선한 일을 행하고 성령 충만하여 하나님께 영광을 돌리며 이웃에 유익을 주는 영신익인의 삶을 살고자 하는 분들에게 필독을 강추하는 바입니다.

추천사

권영배 담임 목사
맥알렌한인교회

하나님의 은혜가 우리 모두에게 충만하시기를 기원합니다.

한 권의 책이 담고 있는 내용의 진위는 그 책을 쓴 저자의 진실한 신앙과 삶에서 발견될 수 있음을 절감합니다. 무엇보다도 담임 목사로서 바라본 이훈구 장로님은 예수님을 잘 믿는 분입니다. 장로님은 진실한 예배자요, 말씀과 예배의 감격을 몸으로 순종하여 실천하기를 애쓰는 분입니다. 장로님이 지나온 삶과 신앙의 고백을 담은 글들이 진실하고 감동이 되는 이유는 그분이 하나님만을 섬기고 그분의 삶이 진실하기 때문입니다.

제가 장로님의 책이 출간되기를 소망하고 기대하는 또 다른 이유는 다음과 같습니다. 최근 우리의 주위에는 신앙의 원칙과 성경 말씀을 깊이 있게 해석해 주는 저명한 목사님들과 신학자들의 저서들이 많이 있습니다. 귀하고 감사할 일입니다. 우리는 그런 책들을 통하여 신앙과 삶을 위한 원칙과 바른 길들을 배우고 우리의 신앙의 여정을 돌아보게 됩니다. 그러나 금번에 출간을 기대하는 장로님의 책은 그렇게 말씀과 교회를 통해 배우고 익힌 신앙의 원칙들을 직접 몸으로 삶으로 순종하고 실천한 결과들을 담고 있음을 발견합니다.

이 책을 읽는 동안 우리는 평범한 한 신앙인으로서 일상의 삶 속에서 말씀과 기도로 신앙의 삶을 살아온 믿음의 사람을 하나님께서 어떻게 인도하시고 복 주시는가를 발견하게 됩니다. 그리고 보통의 사람들인 우리도 하나님의 인도하심과 복의 주인공들이 될 수 있음을 깨닫고 말씀을 따라 진실한 하나님의 사람이 되기 위해 수고할 수 있는 용기를 얻게 됩니다.

이 장로님과 함께 믿음의 여정을 걸어가는 목회자요 동역자로서 저는 장로님의 삶의 숨결과 믿음의 고백이 담긴 이 책을 읽으시는 모든 분들에게 주님을 만나는 기회가 되며 위로가 되고 기쁨이 되고 감사가 되기를 기대합니다.

차례

1부

어머니로부터 물려받은 가장 귀한 선물 ··· 17

2부

하나님의 선물인 자녀들 이야기 ··· 45

3부

사업과 선교 그리고 삶의 이야기

4부

취미 활동을 통한 건강 관리

1부

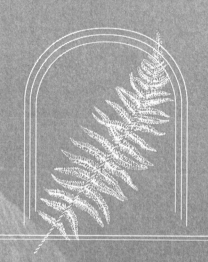

어머니로부터 물려받은
가장 귀한 선물

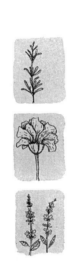

고맙습니다 그리고
사랑합니다 어머니

　　나의 어머니는 경상북도 영천군 신령면에서
자라 아버지와 결혼을 하시기 전까지는 한 번도 교회에 가 보신
적이 없는 분이었다. 그리고 나의 외갓집은 철저한 유교 집안으
로서 외삼촌, 외숙모, 외사촌 어느 한 사람도 교회를 다녀 본 적
이 없었다. 외갓집 주위에는 교회가 전혀 없는 시골 산골 마을
이었다. 그런 마을에서 나의 어머니는 경상북도 달성군 공산면
의 팔공산 아래, 7가구만 살고 있는 조그마한 동네로 시집을 오
시게 되었다. 그런데 시집살이를 시작한 집안 또한 전통적인 유
교 집안이었고, 그곳 역시 교회를 다녀 본 적이 없는 가족과 마
을 사람들밖에 없었다. 어머니가 시집온 조그마한 시골 마을에
는 한 시간 이상 걸어서 갈 수 있는 교회가 있었다.

　결혼 전에도, 결혼 후에도 나의 어머니에게는 아무런 신앙적
배경과 환경이 없었는데, 어떠한 연유로 인해 신앙을 가지셨고
당신의 자녀들이 신앙적으로 살아갈 수 있도록 신실한 가정으로
만드셨는지 궁금한 마음이 들었다. 그리하여 미국에 거주하고

있는 지금, 아흔을 넘기신 어머니에게 전화를 걸어 궁금증을 하나씩 풀어 나가기 시작했다. 어머니는 시집오시기 전, 외갓집에서 미신을 지키는 일이 너무 많아 복잡하고 그것이 아주 싫었다고 하셨다. 그런데 시집살이를 시작한 곳도 같은 유교 집안이라 미신을 지켜야 했고, 재래식 화장실에 못 하나 마음대로 치지 못해 불편을 많이 겪었다고 하셨다. 그러던 중 하루는 교회에서 송산댁 권사님이 찾아와 교회를 다니면 미신을 안 지켜도 된다고 하시기에 교회에 가게 되었는데, 교인들이 아무런 보잘것없는 자신을 귀하게 여기어 주시고 친절하게 대하여 주시는 것에 감동을 받아 그다음 주부터 계속 주일날 교회에 다니기 시작하셨다. 또한 어머니는 당신의 언니의 집을 방문했다가 언니가 미국에서 온 선교사의 전도를 통하여 먼저 신앙심을 가지게 되었다는 소식을 접하였다. 그 길로 어머니의 언니가 어머니에게 전도하셨고, 어머니는 그때부터 확실한 믿음을 가지고 교회에 나가기 시작하게 되었다.

처음 교회에 나갈 때는 아버지와 삼촌의 반대로 어려움도 많았다고 하셨다. 특히, 주일날 농촌에서 모내기를 하거나 논에 약을 치는 날에도 어머니는 주일날 교회에 가 버리시니 시집온 며느리가 집안일도 하지 않고 교회에 가신다고 많은 구박을 받았으나, 평소에는 아주 잘하시다가 오직 주일날만 되면 그렇게 교회에 가시어 어머니의 시어머니, 즉 나의 할머니와 어머니의 관계는 아주 좋았다고 한다. 특히 아버지의 집안은 유교 집안이자 집안 종손이라 제사를 잦게 지냈는데, 어머니는 제사 음식을 일절 입에도 대지 않으시니 오히려 할머니께서 제사 지내기 전 음식을 챙겨 두셨다가 제사가 끝나고 다른 사람들이 제사 음식을 먹을 때 어머니에게 따로 주실 정도로 어머니의 신앙심은 대단하였고, 그 어느 누구도 꺾을 수 없었다. 또한 성경 말씀들을 아주 순수하게 그대로 받아들이시고 교회를 처음 나가기 시작할 때부터 성경 말씀대로 이행하기 위해 십일조 생활을 하시기 시작할 정도로 특출 나게 성령님이 나의 어머니의 마음에 감동을 주신 것 같다. 혹은, 나의 어머니가 성경 말씀을 있는 그대로 순수하게 믿으시니 성령님이 깊이 관여하시어 그 믿음이 반석같이 굳세어질 수 있었던 것으로 생각된다.

내가 태어나기 전부터 어머니는 아주 독실한 크리스천으로서 매일 새벽 기도회와 수요일 저녁 예배, 주일 아침 대예배, 주일 저녁 예배를 단 하루도 거르지 않고 다니시는 것은 물론, 주일날은 교회에 가는 것과 교회와 관련된 일 외에는 어떠한 일에도 관여하지 않으셨다. 주말이면 교회에 가시어 교회 바닥과 강대상 그리고 의자들을 물걸레질하시면서 청소로 봉사하시고, 주의 종 목사님에게는 논밭에서 농사 지은 곡식, 채소도 수시로 가져다 드리는 아주 독실한 고신 교회의 집사님이셨다.

그래서 나는 태어나기 전 어머니의 뱃속에서부터 교회를 다니기 시작하여 어릴 때에는 업혀서, 걸음마 할 때는 어머니의 손에 이끌려 다니면서 어머니처럼 주일날 교회에 가 예배를 드리는 게 최우선적인 일이 되었다.

어릴 때에는 그냥 어머니 따라서 교회에 왔다 갔다 했지만 중학교 3학년 졸업반 때에는 겨울 방학 중 다니던 교회에서 심령대부흥회를 하게 되었다. 아직 어린 나이에도 나는 그 심령대부흥회를 한 번도 빠지지 않고서 다니고 싶은 마음이 생겼다. 그 당시에 부흥회는 월요일 저녁에 시작하여 금요일 저녁까지 5일 동안 하며, 새벽 5시에 새벽 기도회, 아침 10시에 오전 예배 그리고 저녁 8시에 저녁 예배를 드리며 하루에 세 번을 5일 동안 한 번도 빠지지 않고 어머니를 따라서 다녔다. 마지막 날인 금요일, 새벽 기도회 때 부흥 강사로 오신 목사님이 설교 말씀을 전해 주시고 함께 통성 기도를 하게 되었는데, 그때 나는 눈물과 콧물이 너무 많이 나와서 앞에 있던 성경 공부 교재가 다 젖어 버렸다. 나는 그동안 지은 죄를 하나하나 고백하고 회개하며 하나님께 울부짖을 때 성령님이 친히 도와주시어 내 마음에 평안이 찾아오고, 이제 언제 어느 때에 죽어도 천국에 갈 수 있을 거라는 확신이 마음에 생기게 되었다.

그 이후로 나는 주일날 교회에 갈 때 어머니의 손에 이끌려 가기보다는 내 스스로 즐겁고 기쁜 마음으로 가고 싶어졌고, 주변에 믿지 않는 친구들을 보면 같이 교회에 가자고 전도하고 싶은 마음이 생겼다. 어머니로부터 물려받은 세상에서 가장 값진 선물은 바로 이 믿음의 선물이라고 나는 말하고 싶다. 매 주일 저녁마다 머나먼 타국인 미국 땅에서 어머니에게 안부 전화를 걸때면 아흔 살을 훌쩍 넘기신 연세에도 육십을 바라보는 아들에게 "교회 잘 갔다 왔나?"라는 질문을 꼭 하시는 나의 어머니에게 "너무나 고맙습니다. 사랑합니다."라고 고백하고 싶다. 나는 어머니의 사랑을 생각하면 가끔 눈물을 글썽이는 편이다. 이 글을 쓰는 지금 이 시간에도 내 눈에는 눈물이 글썽인다. 어머니, 사랑합니다.

어머니 어머니
나의 어머니

2018년 4월 중순, 요양 병원에 계시던 어머니가 96세로써 돌아가시었다. 그동안 대구 형님과 누님 집에 계시면서 병원에 입원 한 번 하지 않으시고 건강하게 지내셨다. 그러나 지난 1월초부터 허리가 아프시고 기침이 나시어 병원에 약 2주 간 입원하신 후 거동이 많이 불편해지셔서 요양 병원으로 옮기셨고, 그곳에서 생활하시게 되었다.

나는 2017년 12월 30일 자로 한국에 가는 비행기표를 본래는 2018년 4월 9일-25일 자로 예약했었으나, 어머니가 아프다 하시니 입국 일자를 변경하여 빨리 갈까 하고 고민을 많이 했다. 그러나 형님이 계획한 일정으로 오라고 하시어 입국 일자는 변경하지 않은 채 기도를 하기 시작했다.

내가 한국에 갈 때까지 어머니가 건강하시도록 간절하게 기도했다. 또한 아프지 않고 건강한 상태에서 하나님 품으로 가실 수 있게 해 달라고 기도 드렸다. 마지막 기도 하나는 "간절하게 기도하지는 못하나 그저 하나님의 뜻에 맡깁니다. 그럼에도 하나님께서 도와주신다면 감사하겠습니다."라고 기도한 바 있다. 또한 "내가 어머니가 계시는 한국 땅에 있을 때 얼굴을 충분히 뵌 후 하나님께서 불러 주실 수 있으시다면 참으로 하나님께 감사하겠습니다."라고 감히 작은 목소리로 기도를 드렸다. 마침내 원래 일정대로 4월 9일 출발하여 미국 텍사스 남부에 위치한 우리 집에서 한국 대구의 형님 집으로 약 26시간 만에 가게 되었다. 다음날 아침, 어머니가 계시는 요양 병원에 도착하여 어머니를 만나 뵈었다. 그 이후 두 번을 더 만나 뵈었지만 막내아들 훈구임을 몰라 뵈시고 자주 보는 형님이 온 것으로 알고 계시었다. 그러다 네 번째로 만나 뵙는 날에는 확실하게 막내아들 이름을 부르시고 누구인지를 알아보셨다. 또한 손자, 손녀들 이름을 다 부르시고 기도도 하시고 함께 찬송도 하였다. "또 올게요."라고 하며 인사를 드리니 미국에 가는 거냐고 물으셨다. "아니요. 갔다가 또 올 겁니다."라고 하니 알았다고 하시었다. 다섯 번째로 방문한 날에는 눈을 감고 조용하게 주무시고 계시기에 깨우지 않고 그냥 얼굴만 보고 돌아왔다.

막내아들이 미국에서 왔고 지금 어머니 곁에 있을을 확인하신 어머니는 2018년 4월 17일 밤 11시 50분, 고요하게 주무시는 가운데 96세의 생을 다하시고 하나님 품으로 가시었다. 내가 한국을 방문한 기간 중 딱 중간 시점인 일정에 맞추어서 하나님 품으로 가신 것이다.

막내아들이 오기를 오랫동안 기다리신 나의 어머니.

그리고 막내아들이 가까이 있음을 아시고 3일 만에 하늘나라로 가신 나의 어머니.

따뜻한 봄날 그리고 고요한 밤에 주무시는 가운데 천국으로 가신 나의 어머니.

예수님을 30대 초에 영접하시고 하나님을 믿으신 이후에는 신실한 믿음의 생활을 하신 나의 어머니.

자녀들에게 믿음이라는 큰 유산을 잘 남겨 주신 나의 어머니.

이제 하나님의 품에서, 찬양과 기쁨만이 가득한 그 천국에서 자녀들을 위해 계속 기도해 주실 나의 어머니.

이제는 어머니, 어머니, 어머니, 아무리 불러 봐도 대답 없으신 나의 어머니.

하지만 나의 마음속 깊은 곳에 항상 자리 잡고 계시는 나의 어머니.

언제나 나에게 힘이 되어 주시고 신앙적으로 살아갈 수 있는 마음을 가지게끔 만들어 주신 나의 어머니.

어머니, 어머니, 나의 어머니. 진정으로 사랑합니다. 감사합니다.

눈물 나게 그립습니다. 하지만 늘 나의 마음속에 계시니 더욱 감사합니다.

어머니의 장례식을 고향 교회 그리고 형님과 누님이 다니는 교회의 목사님과 교인들이 오시어 예배를 다섯 차례 드리는 가운데 은혜스럽게 잘 마쳤습니다. 장례식 이후 삼 일째 되는 날에 다시 어머니의 산소를 찾아뵙고는 원래 일정대로 4월 25일날,

미국으로 다시 돌아오게 되었습니다. 장례식을 마치고 기도하는 가운데 어머니가 남겨 주신 믿음의 유산에 감사드리며 어머니가 가장 좋아하신 성경 구절 여호수아 1장 8-9절 "이 율법책을 네 입에서 떠나지 말게 하여 주야로 그것을 묵상하여 그 안에 기록된 대로 다 지켜 행하라. 그리하면 네 길이 평탄하게 될 것이며 네가 형통하리라. 내가 네게 명령한 것이 아니냐. 강하고 담대하라. 두려워하지 말며 놀라지 말라. 네가 어디로 가든지 네 여호와가 너와 함께하느니라 하시니라."를 기억하고 매일 말씀을 주야로 묵상하면서 살아가기를 소망합니다.

그리고 살아가면서 모든 것을 하나님께 맡기는 삶.

나의 생각과 욕심을 내려놓고 마음을 비우는 삶.

매일의 삶에서 늘 감사하는 삶.

하나님을 사랑하고 이웃을 사랑하는 삶을 살아가기를 간절하게 소망하면서 다짐하고 기도합니다.

하나님은 어머니에 대한 나의 모든 기도를 다 들어주시고 더욱 넘치게 은혜스러운 장례식을 마칠 수 있게 인도해 주셨습니다. 세밀하시고 섬세하시고 세상의 모든 일에 섭리하시는 하나님께서 나의 모든 일에도 섭리하심을 절실하게 느끼고 깨달을 수 있었습니다.

하나님, 하나님, 나의 하나님, 진정으로 감사드립니다.

그리고 참으로 고맙습니다. 하나님의 능력과 하나님의 사랑을 절실하게 체험하게 해 주셨음에 진심으로 감사드립니다. 하나님 사랑합니다. 경외합니다. 나의 삶 영원토록 하나님을 사랑할 것

크리스천 자녀 교육, 결혼을 어떻게 시켰어요?

입니다.

　그리고 하나님 기뻐하시는 일들을 찾아서 많이 할 수 있기를 간절하게 소망합니다. 나의 마음에 평안과 기쁨을 주신 하나님께 다시 한 번 진심으로 감사드립니다.

감사합니다. 하나님.

2018년 5월 8일, 어버이날.

사랑과 신앙의
시너지 효과

　　　　　초등학교 시절, 4학년까지는 나의 존재 가치를 귀중한 존재로 여기지 못하고 그저 장난꾸러기로 지냈다. 그 당시 나에게 관심을 가져 주시며 잘 이끌어 주신 김춘희 선생님의 은덕으로 나는 착하고 공부 열심히 하는 아이로 바뀌게 되었다. 그러나 학교에서 나는 수업 시간 외에는 항상 축구 하는 것을 좋아했으며, 가끔 학교별 축구 대회가 있으면 학교 대표로 나간 적도 있었다. 체구는 그렇게 크지 않았지만 씨름 선수로도 학교에서 명성을 날렸다. 6학년 때에는 전교에서 씨름으로 나를 이길 상대가 없을 정도였으며 공부하는 것도 좋아했지만 노는 것도 아주 좋아했던 철부지였다. 학교 방과 후에 집에 돌아와 친구들과 전쟁놀이를 할 때는 항상 대장이 되어서 동네 아이들과 편을 가르고, 긴 막대기를 칼 삼아 어린 시절 대단히 인기를 끌던 전쟁 드라마 임진왜란의 전쟁 모습을 흉내내면서 동네와 동네 야산을 누비며 놀던 때가 아직도 눈에 훤하다. 또한 초등학교 6학년 때 나의 관심을 끌게 하는 옆동네 여학생을 발견하게 되었으며, 그 후 남녀 공학인 중학교에 가서도 계속 관심을 가지게 되었다. 때때로 체육 시간이면 그 여학생이 달리기하는 모습을 멀리서 바라보며 멍하니 생각에 잠길 때도 있었다. 나는 학교까지 자전거를 타고 다녔고, 그 여학생은 친구들과 걸어서 학교에 갔다. 자전거를 천천히 몰며 그 여학생의 뒷모습을 줄곧 쳐다보다가 학교 근처에 다다르면 앞질러 가면서 얼굴을 살짝씩 쳐다보기도 했다. 그때 왠지 모르게 가슴이 뭉클해지면서 이성의 감정이 싹트기 시작하는 나의 마음을 알 수 있게 되었다. 초등학교 교과서에 나오는 소나기 속 남자 주인공처럼 순수한 마음으로 옆 동네에 사는 같은 학년의 여학생에게 이성의 감정을 간직한 채 이런저런 고민을 하던 나는 드디어 용기를 내어 한 통의 편지를 쓰게 되었다. 편지의 내용은 "난 너를 좋아하는데 너도 나를 좋아하니?"라는 질문이 요지였다. 편지를 써 놓고는 어떻게 전해 줄까 고민하던 어느 날, 남학생과 여학생이 별도로 반을 갈라서 교실을 달리하는 수업, 즉 실과와 가정의 시간이 되어서 나는 그 여학생의 자리에 앉게 되었다. 그리하여 그 여학생의 책가방에 몰래 편지를 넣어 두고는 답장이 오기를 몇 날 며칠을 기다렸지만 답장이 오지 않았다. 그로부터 일주일이 흐른 후, 실과 수업 시간이 왔고 나는 다시 그 여학생의 자리에 앉아 간이 크게도 그 여학생의 책가방을 뒤적이다가 나에게 미처 닿지 못한 답장이 쓰인 편지를 발견했다. 그 내용인즉 "나도 너를 좋아해."라는 문장이 담겨 있었다. 나는 감격의 순간을 말로 표현할 수가 없었다. 가슴이 찡해지고 '아, 그녀도 나를 좋아하는구나.' 하는 그 마음에 그날 밤 잠을 이룰 수 없이 기쁜 마음 감추지 못했다. 그때가 중학교 2학년 때였다. 그 이후 나는 그녀를 나의 사랑하는 사람, 즉 장래 배우자감으로 생각을 하고 하나님께 기도하기 시작했다. 그녀는 교회를 다니지 않으므로 교회를 다니게 해 달라고 기도하고, 또 그녀가 장래에 나의 신부가 될 수 있기를 기도하기 시작했다.

그렇게 기도하는 중에 나는 이 여자를 꼭 나의 신부로 하고 싶은 강한 집념이 생기게 되었고 세상의 그 무엇보다도 우선적으로 이 여자를 나의 신부로 맞이하는 게 우선이라는 생각까지 하게 되었다. 그렇게 아주 조숙한 청소년의 시기를 맞이하게 되었다. 중학교 1학년 때는 반에서 1등을 하다가 한참 공부해야 할 2학년이 되어서는 엉뚱하게 여학생 생각을 많이 하다가 성적이 떨어져 선생님에게 불려 가서 혼이 나기도 하였다. 3학년이 되면서 다시 좋은 성적을 유지하던 차에 성적 우수자를 3년 내내 재워 주고 공부를 시켜 주는, 즉 기숙사 생활을 할 수 있는 부산의 국립고등학교를 추천받게 되었다. 그 당시 농촌인 나의 집안에서는 그저 돈을 들이지 않고 얼른 고등학교를 졸업해서 돈을 벌 수 있게 도와주는 학교가 최고라는 생각을 가지고 있었다. 그랬기에 공업고등학교로 가라고 하시어 그냥 순종하는 마음으로 집에서 멀리 떨어진 학교인 국립부산기계공업고등학교에 3년 전액 장학금을 받는 학생으로서 1977년 3월에 입학을 하게 되었다.

이때부터는 사랑하는 그녀와 멀리 떨어져 있어야 하는 어려운 시기를 맞이하게 되었으나, 나는 달마다 편지를 쓰고 답장도 받으면서 우리의 사랑을 그런대로 잘 유지해 갔다. 내가 부산으로 간 이후 그녀는 대구에 있는 친척 집에서 학교를 다니게 되었는데, 그녀는 그때부터 교회를 열심히 다니기 시작하더니 신앙심이 생겨 세례를 받고 신앙생활을 제대로 하게 되었다. 겨울 방학이 되어 집에 와서 그녀를 만날 때에는 아무도 밟지 않은 하얀 눈이 내린 밤길을 나란히 걷다가, 너무 추우면 바람을 피하여 담벼락에 붙어 시간 가는 줄 모르고 늦은 시간까지 이야기를 나누다가 다시 집으로 돌아오고는 했다. 또 여름 방학 때에는 시냇물이 졸졸 흐르는 시냇가에 앉아서 풀벌레 소리와 물소리를 들으며 그동안 하고 싶었던 이야기를 주고받다 보면, 어느새 밤하늘에 반짝이는 수많은 별들이 우리를 향해 미소를 지으며 마치 부러운 듯 우리의 사랑의 속삭임을 듣고 싶어서 점점 더 가까이 다가오는 느낌이 들었다.

방학 때를 제외하고는 계속 떨어져 지내며 그 당시에는 전화도 쉽게 할 수 없으니 그저 편지로 서로의 사랑을 확인하고 지내게 되었다. 그러나 그 편지의 힘은 아주 강했다. 아니, 사랑의 힘은 아주 강렬하고 삶의 활력소가 되었다. 그래서 나는 나의 꿈과 비전을 하나님께 기도하면서 공업고등학교 진학 3년 후 기업체에 기능직 사원으로 취직을 하여 빨리 돈벌이를 하는 것보다, 장래를 위해서 공부를 더 하여 진학을 해야겠다고 마음을 굳히게 되었다. 그때가 고등학교 2학년 말이었다. 그러나 공업고등학교에서는 기능사 자격증을 따야만 졸업을 할 수 있기 때문에 낮에는 열심히 기계를 돌리면서 기술을 연마하고, 밤에는 진학을 위한 공부도 하면서 지내다 보니 3학년 때에 국가 기술 자격증도 취득하게 되었다. 그 이후로는 진학 공부에 몰두하면서 결국 졸업 후 곧바로 취직을 하지 않고 대학교 진학을 하게 되는 기쁨을 맞이하게 되었다. 그러나 농촌에서 대학을 간다는 건 소 한 마리를 팔아야만 갈 수 있는 큰 경제적 부담감이 있었으므로 나는 경제적으로 가장 부담이 적으면서도 사랑하는 그녀와 가까이 지낼 수 있는 지역으로 대학을 가게 되었다. 1980년도에 1회 입학생을 모집하는 대학으로 말이다.

당시 현직 대통령의 지원으로 국립공과 대학교가 구미에 세워졌는데, 그곳이 국립 대학이라 학비도 싸다는 이야기를 듣게 되었다. 그리하여 그 학교에 입학 응시를 하게 되었으며 결국 4년 동안 학비를 거의 내지 않은 채 장학금으로 학교를 다닐 수 있게 되었다. 이것은 참 하나님의 은혜이고, 사랑하는 사람이 있어서 나에게 더 큰 꿈과 비전이 생기게 된 것 같다는 생각이 들어 감사하다는 마음이 내 마음속에 가득 메워지고 있음을 느끼게 되었다.

1980년 3월, 국립금오공과 대학교에 입학을 하여 공학도의 꿈을 품고 열심히 공부를 하게 되었고, 나에게 사랑하는 사람이 있어서 더욱 열심히 공부하고 싶은 마음이 생겼다. 또한 열심히 한 결과, 계속된 성적 우수자로써 장학금을 받으며 공부를 하게 됨을 생각할 때에 신앙적인 믿음과 사랑하는 사람이 있어서 하고자 하는 마음의 힘이 조화를 이루면서 시너지 효과가 생기어 좋은 결과가 나타남을 실감했다. 그렇게 나의 대학 생활은 시작되었다.

도전은 끝이 없다

대학 생활을 하면서 학비는 장학금을 통해 해결이 되어도 생활비나 책값 등을 해결해야 하는 과제가 나에게 남아 있었다. 대학교 2학년 때 아버지는 건강이 좋지 않으시어 일찍 돌아가시고, 형님과 누님들이 계셨지만 다 결혼하여 각자 가정을 가진 상태였으며, 어머니는 시골에서 농사를 지으시고 또 채소들을 시장에 팔아서 생긴 돈으로 막내인 나에게 생활비를 보태 주셨다. 어머니의 그 헌신적인 자식 사랑을 생각하면 또 눈물이 나도록 고맙다는 생각이 든다. 그러나 젊은 청년이 되어서 지원만 받는 게 마음에 계속 짐으로 남아 있었다. 아르바이트를 해서라도 내 생활비를 벌겠다는 생각으로 세탁소에서 아르바이트를 시작했고, 자전거를 타고 세탁물 배달과 수거를 하면서 지내기도 하고 또 시간 날 때에는 중고등학생 과외 공부 지도를 하여 생활비를 벌면서 대학 생활을 이어 나갔다. 뿐만 아니라 교내에 책을 읽는 독서 동아리도 만들고 초대 회장을 하기도 했다. 갈매기처럼 높이 날아서 멀리까지 볼 수 있도록 안목을 넓히자는 차원에서 그 동아리의 이름을 갈매기라고 직접 짓고, 많은 책들을 읽으며 지냈다. 읽은 책들 중에서 특히 내 마음에 감동을 주었던 내용들은 주로 꿈, 비전, 신념, 열정, 사랑 등에 관한 것이었다.

대학교 2학년이 되어서는 내가 전공하던 학과인 기계공학과를 대표하는 학생 회장을 맡아서 다방면으로 많은 활동을 하였다. 특히 대학 축제 때에는 여러 가지 행사가 있었는데, 유명 인사 초청 강연회도 두 차례 정도 진행하고 축제 때에는 교내 대학 가요제에 나가 내가 직접 작사·작곡한 노래 "나의 꿈"이란 노래를 부르기도 했다. 그리고 기독교 신우회의 중창단에 들어가 활동을 하면서 여러 가지 경험을 하게 되었다.

또한 교내에서 일주일에 한 번씩 병영 훈련을 받다가 2학년 학생 전체가 전방 부대에 들어가 일주일 간 본격적으로 병영 훈련을 하게 되었다. 대구에 있는 타 대학과 연합해서 병영 훈련을 받았는데 학생 전체를 대표하는 연대장을 뽑겠다고 해서 나는 지원하게 되었다. 타 대학교에서도 지원자가 나왔는데 누구를 뽑을지를 결정하기 위해 구령을 해 보라는 것이었다. 열중 쉬엇, 차렷, 경례 등의 구호를 하는데 나는 고등학교 시절 당시 학도호국단 중대장을 해 왔기 때문에 구령에는 자신이 있었다. 그래서 배에 힘을 세게 주고는 목청껏 구령을 했더니 그 자리에서 바로 연대장으로 확정이 되었다. 그렇게 일주일 동안 전체 학생을 대표해 항상 솔선수범하고 성실하게 주어진 임무를 완성하였더니, 마지막 날 전방 병영 훈련 종무식에서 사단장 상(1981년도 학생 병영 훈련 우등)을 수상하여 번쩍번쩍 빛나는 금메달을 받는 영광을 얻게 되었다.

그 후 나는 대학을 졸업하고 바로 취직을 하느냐, 다시 진학을 해서 대학원을 가느냐를 두고 많은 생각에 잠겼다. 비록 가진 돈은 없지만 계속 공부를 하고 싶었다. 그래서 한국과학기술원(KAST)에 진학을 하고자 목표를 정하고 3학년 때부터 공부를 하기 시작했다. 열심히 공부를 하고 또 했다. 시험에 응시하여 기계공학의 전공 과목들은 모든 과목 합격점을 받았지만 아쉽게도 영어 과목에서 기본 점수에 미달되어 불합격 처리가 되었다. 공업고등학교를 다니면서 기초적인 영어 공부를 하지 못하고 대학교에 입학한 채 일반 영어를 혼자 공부해서 시험을 친 결과, 고작 영어 한 과목 때문에 다른 전공 과목들을 다 잘 치르고도 시험에 떨어지고 말았던 것이다. 많이 아쉽고 힘든 과정이었지만 나는 1년 동안 중소 기업에 취직을 해서 돈을 모은 후 다시 진학하기로 결심했고, 그렇게 1년이 흘러 지방의 영남대학교 대학원으로 진학을 하게 되었다.

대학원에서는 조교 생활을 하면서 학비를 조달하고 저녁이 되면 가끔 밖에 나가서 아르바이트를 하면서 생활비를 벌기 위해 뛰었는데, 당시의 나는 찹쌀떡 장사도 해 보고 주얼리 장사도 해 보았다. 아버지는 농촌에서 논과 밭이 많아 머슴을 데리고 농사를 지으시는 부자였다. 그러나 아버지가 일찍 돌아가셨으므로 막내인 나로서는 나의 앞길을 스스로 개척해야지 도움을 받아서는 안 된다고 생각하고, 크게 도움을 바라지 않고 스스로 해 보기 위해 늘 노력하는 편이었다. 형님과 누나들은 늘 나의 앞길에 관심을 가져 주시고 자상하게 잘 대해 주셨다. 그렇게 석사 학위를 받고는 대기업의 연구원으로 곧바로 취직을 하게 되었다. 원래 나는 공업고등학교를 나와서 기업체 기능직으로 취업을 하려다가 생각을 바꾸어 대학을 진학하게 되었고, 대학 졸업 후 기업체 대졸 신입 사원으로 취직을 하려다가 다시 대학원 진학을 하여 결국 대기업의 연구원으로서 직장을 구하게 되었다. 꿈을 가지고 비전을 세워서 그 꿈을 이루기 위해 끊임없이 도전할 때에 꿈이 성취된 것이다. 꿈을 주시고 그 꿈을 이루기 위한 힘과 믿음을 주신 하나님께 항상 감사할 따름이다. 나의 꿈은 여기에서 멈추지 않는다. 내가 살아 숨 쉬는 한 계속 하나님이 주시는 믿음의 힘을 가지고 꿈과 비전을 향해 달려갈 것이다.

십이 년 동안의
사귐이 결혼으로

나는 어느 누구보다도 조속한 편이었다. 청소년 시절부터 이성에 눈이 뜨여서 한 소녀를 좋아하게 되었고,

중학교 시절에는 그 소녀와 같은 학교에 진학하면서 3년을 가까이 붙어 지냈지만 그 이후 고등학교 3년과 대학교 4년을 재학하는 동안에는 멀리 떨어져 지내면서도 지속적으로 편지를 주고받으며 서로의 사랑을 확인했다. 대학교에 다닐 때에는 매주 만나러 가지는 못했으나 전화로 목소리라도 듣고 싶은 마음에 토요일마다 학교에서 우체국이 있는 시내까지 버스를 탔다. 시내에 위치한 장거리 시외 전화가 가능한 전화기에다 100원짜리 동전 몇 개를 넣고는 목소리 조금 듣다 보면 금세 동전이 떨어져 학교 기숙사로 돌아오지만 그 짧은 시간 동안 목소리를 듣는 게 주말이 기다려지는 가장 큰 이유였다. 요즈음에는 누구나 전화기를 들고 다니지만 그 당시 시외 전화는 아무 데서나 가능한 것이 아니라 시외 전화가 가능한 전화기에서만 가능하니 단 3분 정도의 그 짧은 통화를 위해서 버스로 30분 걸려 달려간 것이다. 비록 많은 힘과 시간을 들여 듣는 목소리였지만 그래도 그녀의 목소리를 듣는 게 기다려지고, 또 그 목소리가 나에게는 얼마나 힘이 되어 주었는지, 말로는 표현할 수 없을 만큼 좋았다고 말하고 싶다. 그때 나에게 많은 조언을 해 주고 남녀 관계에 있어 여러 가지 지켜야 할 예의 같은 걸 잘 코치해 주었던 같은 교회의 한 누나가 있었다. 그 누나는 피아노 선생님이었는데, 그 언니와 동생세 자매가 함께 생활하면서 어린이들에게 피아노 레슨을 해 주고 있었다. 그 누나에게는 결혼할 남자 친구가 있었고 가끔 대구에서 구미로 만나러 오는 것을 보았는데, 아주 사이좋은 연인 관계로 지내고 있었다. 그러한 누나가 내게 이런저런 이성 상담을

크리스천 자녀 교육, 결혼을 어떻게 시켰어요?

많이 해 준 것이 참 고마웠다. 문득 대학 시절 갈매기 독서 서클에서 읽었던 책 중 스탕달이 지은 연애론이라는 책의 내용이 생각이 났다. 남녀가 연애를 하되 결혼을 할 것인지 아니면 더 지켜봐야 할 것인지를 결정할 때에는 계절에 있어서 봄, 여름, 가을, 겨울의 특징을 서로 겪어 보고 최종적으로 마음의 결정을 하는 것이 좋다는 내용이었다. 계절에 따라 날씨의 성격이 달라지듯이 연인 관계에 있어서도 봄에는 꽃이 피고 새들이 아름다운 노래를 하며 나비가 너울너울 춤추는 시절과 같이 두 사람의 사이가 아주 가까워지며 봄기운 같은 기분을 느낄 때도 있고, 여름이면 녹음이 무성해지고 숲속의 나무들이 숨 쉬는 모습을 마음적으로 느끼며 기분이 상쾌해지는 것과 같이 두 사람의 관계가 더욱 풍성해지기도 한다는 것이다. 또한 가을이면 들판의 모습이 황금의 물결로 굽이치고 수많은 과일 나무가 열매를 맺어서 수확을 하는 농부들의 마음처럼 풍성하고 넉넉해짐과 동시에 두 사람이 결혼을 하면 장래에 자녀들을 낳고 아름다운 가정을 꾸리고 고귀한 열매를 맺을 수 있을 것 같은 기분을 느낄 수도 있다는 것이다. 마지막으로, 겨울에는 차갑고 매서운 바람이 몰아치고 때로는 눈보라가 휘몰아치면서 몸도 마음도 차가워지고 외로움과 고독함이 가득한 밤을 지새우는 것과 같이, 두 사람의 관계가 살얼음이 얼고 온통 눈으로 뒤덮여 앙상한 가지만 남은 나무가지처럼 밋밋한 상태가 되는 것을 겪어 보고서도 '이 사람은 나의 평생의 동반자로 느껴지고 앞날에 어떤 어려움과 환란이 닥쳐와도 잘 이겨 내어 아름다운 가정을 만들 자신이 생긴다' 하면 두 사람이 결혼을 하는 것으로 결정해도 좋을 것으로 본다는 것이었다. 그 글을 읽고서 지금 나와 그녀의 사이는 겨울철과 같다는 생각이 들었다.

그 밖에도 이런저런 생각을 해 보았으나 뾰족한 방안이 나오지 않았고, 갈수록 더 외롭고 고독해지기만 하는 나 자신을 보고는 용기를 내어 그녀에게 전화를 걸어 만남을 약속했다. 우리는 한 달 만에 다시 만나 많은 이야기를 나누면서 들판 길을 걸었다. 밤하늘 저 위에서는 환하게 웃으며 우리를 내려다보고 있는 달님과 수많은 별들이 나와 그녀의 만남에 대한 기쁨을 귓속말로 속삭이는 것 같았다. 우리는 서로의 손을 꼭 잡고 끝없이 펼쳐진 들판을 걷고 또 걸었다. 우리는 다시금 매주 연락하고 또 편지를 주고받으며 지내다가 내가 대학을 졸업하고 대구에 있는 대학원으로 가면서 자연스럽게 그녀와 매주 그리고 수요일마다 교회에서 만나게 되었다. 농촌 교회에는 젊은 청년보다 할머니, 할아버지가 대다수의 구성원이었지만 나는 목사님과 의논하여 중고등학생들과 젊은 집사님들을 중심으로 성가대를 만들어 주일 예배 시간마다 찬양을 하게 되었다. 나는 음악 책들을 구입하여 읽고 공부를 하면서 많은 준비 끝에 성가대 지휘를 하고, 그녀는 교회 반주자로 활동을 하면서 우리는 교회의 공식적인 모임에서 더욱 자주 만나게 되었다. 가끔 다니던 교회의 장로님이 그녀의 나이를 물으면서 중신해 줄까 하는 말씀을 하실 때마다 내 귀는 아주 예민해지고, 차라리 내가 그녀를 사귀고 있다고 다 이야기해 버릴까 하고 생각을 한 적이 한두 번이 아니었다. 그러나 아직까지는 교회 사람들에게 우리의 교제 사실을 비밀로 하고 지내다 보니 그녀도 나도 누군가를 소개해 주겠다는 제안을 자주 받게 되었지만, 그럴 때마다 우리는 그저 웃어 버리고는 했다.

대학원 과정을 다 마쳐 갈 때쯤 우리는 양가의 어머니께 말씀 드리기로 하고서 나는 그녀의 집을 방문했다. 그녀의 아버지는 초등학교 6학년 때 돌아가셨다. 어느날 저녁에 찾아가 둘이 서로 사랑하니 결혼을 승낙해 달라고 말씀을 드렸으나, 어머니는 그냥 흔쾌히 승낙하고 싶으신 눈치는 아니었다. 아들 셋에 딸 하나이니 얼마나 귀하게 생각하셨을지 어느 정도 이해는 가지만, 둘이 서로 사랑하고 앞으로도 평생의 동반자로서 잘 살아갈 자신이 있다고 무릎을 꿇고 애원을 했더니 어느 정도는 마음이 열리신 것 같았다. 그래서 나는 자신감 얻고서 그녀의 집에서 나왔다. 그 이후의 일은 그녀에게 맡겼더니 이야기가 잘되어 승낙이 났다.

그리고 나의 어머니에게는 그녀의 손을 빌리지 않고 혼자서 말씀을 드렸다. 나는 어머니를 아주 사랑했고 어머니의 말을 잘 듣는 편이었다. 어머니는 나와 그녀와의 결혼 여부에 대해 나에게 전적으로 맡겨 주셨다.

나는 대학원 과정을 마치고 구미에 있는 대기업에 취직을 하게 되었는데, TV 부품을 연구하고 설계하는 연구직에 배치를 받게 되었다. 취직하여 약 3개월 정도는 회사 그룹 연수원과 회사 자체 연수원에서 교육을 받게 되었고 3개월 간의 교육을 수료한 후에는 구미의 현업 부서로 배치를 받게 되었다.

현업 부서에 처음 출근한 월요일 아침, 부서장과 함께 아침 미팅을 하면서 기존에 있던 사원들이 신입 사원들에 질문을 하였다. 여러 가지 질문들 중 하나가 "결혼은 했는지?"라는 것이었다. 그때 나는 빙그레 웃으면서 아직 총각인데 일주일 후인 다음 주 화요일, 5월 12일날 결혼식을 한다고 말하자 모두가 놀란 듯이 눈이 휘둥그레졌다. 특히 한 노총각 사원은 32살인데도 아직 장가를 못 가고 있는데 새파란 신입 사원이 사무실에 배치받자마자 결혼한다는 발표를, 그것도 일주일 후에 한다니 모두가 놀랐던 것 같다.

아무튼 나는 일주일 후 대구 명성 예식장에서 양가 친척 일가 가족분들과 지인들을 모시고 결혼식을 올리게 되었다. 나의 신랑 친구들로 회사의 입사 동기들 약 30여 명이 대거로 몰려왔다. 아직은 현업에 배치받고 기초적인 교육을 받는 중이라 대체로 쉽게 외출 기회를 얻은 듯했다. 그 외에 남녀 할 것 없이 30여 명의 중학교 동기들이 몰려왔다. 오랜 12년의 길고 긴 연애 끝에 결혼을 하게 되었다는 소식을 들은 많은 동기 친구들이 몰려와 축하를 해 주었다. 감사하게도 나는 많은 친지들과 친구들의 축하를 받으면서 결혼식을 하게 되었다. 어릴 때부터 알고 지내던 우정이 애정으로 바뀌고 또 연인 관계에서도 봄, 여름, 가을, 겨울을 수없이 보내고 겨울의 차디찬 추위와 휘몰아치는 눈보라 속에서도 우리의 사랑을 끊을 자는 아무도 없었다. 오직 하나님의 축복 가운데 우리는 함께 타고 갈 배 위에 나란히 타 꿈과 비전을 가지고서 미래를 개척하는 선구자처럼 서로를 마주보며 웃음을 짓고, 결혼식을 통해 힘차게 노를 저으며 앞을 향해 전진하기 시작하였다.

개인적인 꿈보다는
가족들의 바람을 선택

나는 1987년 1월 LG전자에 입사해 한국에서 12년, 미국에서 1년 동안 파견 근무, 5년 5개월 동안 주재원 근무를 하여 총 18년 5개월을 한 회사에서 몸을 담고 조직 생활에 많이 익숙한 상태로 미국에서의 주재원 생활을 마치고 한국으로 귀국하여야 할 시점에 놓이게 되었다. 대체로 주재원 임기는 5년 정도이고 나의 후임이 이미 나온 상태에서 한국으로 들어가야 할 상황에 놓인 나는, 조직 생활에 계속 몸을 담고 일하느냐 아니면 나의 갈 길을 가야 하느냐의 기로에 놓이게 되었다. 그 당시 내 나이 45세. 한국에서는 사오정이란 말도 많이 유행하는 45세의 그 변곡점에 내가 서 있었던 것이다. 회사를 계속 다니고 싶은 마음이 나에게는 사무쳤다. 내가 모시던 상사 임원 한 분이 한국에 들어와 같이 일하자고 하시고 하니 귀국한다 하여도 내가 일할 부서와 자리도 있으며, 또한 상사와 그 위 임원분들의 인맥도 상당히 좋아서 한국에 들어가 몇 년 근무하다가 다시 해외 주재원으로 한 번 더 나가면 회사 생활을 더 길게, 잘하면 임원까지도 될 수 있겠다는 생각이 들었다. 그래서 나는 나의 가족들에게 이 상황을 설명하고, 가족들은 미국에 두고 나 혼자 귀국해 기러기 아빠가 될 작정을 하고 있었다. 이때 나의 큰딸은 고등학교 12학년(한국으로 치면 고등학교 3학년), 작은딸은 11학년(한국으로 치면 고등학교 2학년) 그리고 막내 아들은 초등학교 4학년이었다. 그러한 이유로 아이들의 안정된 교육을 위해 나 혼자 귀국하고 가족은 계속 미국에 체류하는 쪽으로 생각을 하게 된 것이다. 그러나 역시 가족들의 의견을 들어 보는 게 중요하다는 생각이 들어 가족회의를 열게 되었다. 각자의 의견을 들어 본 결과, 한국에 들어가서 계속 근무해야 하니 가족이 떨어져서 살아야 한다는 것에 나 외에는 모두가, 즉, 집사람, 큰딸, 작은딸, 막내아들 모두가 반대 의사를 표해 나는 완패를 당했다. 특히 큰딸이 나에게 강력하게 말했다. "아빠, 지금은 우리 가족이 같이 살아야지 아빠랑 떨어지는 게 싫어요. 우리가 아빠의 사랑이 가장 필요할 때가 바로 지금이지 대학교에 가고 나면 어차피 떨어져 살아야 하는데, 지금 이 시점에 아빠가 같이 있어 주시지 않으면 언제 같이 계시겠어요."라고 하는 것이다. 가만히 생각해 보니 아이들이 대학교에 가 버리면 같이 있고 싶어도 그럴 수 없게 되는데 지금 이 시점에 아이들에게는 아빠가 같이 있어 주는 게 정말 필요하겠구나 하는 생각을 하게 되었다. 그래서 나는 이곳에서 나의 일을 할 수 있는 방안을 찾기 시작했다. 또한 교회에서도 계속 구역장을 맡고, 안수 집사로서 운영 위원회에 들어가 목사님과 교회의 전반전인 일들을 의논하면서 교회의 성장과 발전을 위해 그리고 나의 신앙에서 항상 함께하시는 하나님의 역사를 통한 체험을 하며 살아갈 수 있는, 주일 성수가 전혀 문제가 되지 않는 이곳에 체류하는 것이 옳다는 생각으로 전환하게 되었다. 그러니 이곳 미국에 계속 체류할 결심으로 전환된 가장 큰 요소는 가족과 교회 생활로 볼 수 있겠다. 나의 생각과 나의 꿈보다는 가족을 위한 생각 그리고 나의 신앙생활에 있어 교회에서 맡아 봉사하던 일의 지속성과 개인적인 신앙생활을 빌어 보았을 때, 한국에서 직장 생활을 하며 신앙생활을 하는 것보다는 이곳에서 하는 것이 훨씬 믿음 생활을 하기가 좋다는 생각이 들었다. 그리하여 이곳 텍사스 남부 멕시코 국경 지역에서 나의 삶의 터전을 다시 만들고 나의 개인 비즈니스를 가져야겠다고 마음을 먹게 된 것이다. 나의 개인 비즈니스를 하기로 마음을 정한 후, 한국에 혼자 귀임해서 3주일 만에 내가 그토록 오랫동안 몸담았던 대기업에 사직서를 내고 아쉬움을 뒤로 한 채 그리운 가족들이 있는 미국으로 돌아오게 되었다.

2부

하나님의 선물인 자녀들 이야기

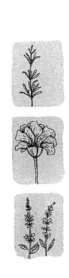

어린 두 딸의
기도에 응답하신 하나님

1988년 4월 22일, 나는 회사에서 근무 중에 있었다. 그런데 아내가 배가 아프다고 전화가 왔다. 그 길로 곧장 외출을 하여 아내를 병원으로 데리고 가 확인한 결과, 첫째 아기가 태어날 때가 되어 그런 거라는 소식을 듣게 되었다. 아직까지는 시간이 조금 남았다고 하기에 나는 집으로 돌아가 필요한 옷과 여러 가지 물품들을 챙겨 다시 병원으로 갔더니 그사이에 이미 출산을 했으며, 딸이라고 간호원이 이야기해 주었다. 아주 순산한 셈이다. 나는 딸의 이름을 무엇으로 지어 줄까 생각을 하면서 먼저 성경을 뒤적이기 시작했다. 꼭 성경에 있는 이름으로 하고 싶은 마음이 나에게 와닿았다. 구약 전서 창세기부터 신약 전서 요한 계시록까지 사람들의 이름이나 아름다운 자연의 이름 등을 찾아서 나열하기 시작했다. 하나님께 기도를 드리며 어떤 이름으로 할 것인가 깊이 생각하던 중, 구약과 신약 그리고 찬송가에도 많이 사용되어진 시온이라는 이름이 눈에 띄었다. 그래서 그 뜻을 찾아보니 시온은 하나님의 처소이며(시 76:2)

에덴 못지않은 복의 근원이고(사 25:6) 피난처이며(사 14:32) 종말에 성도들이 어린양 예수와 함께 설 곳(계 14:1)이기도 하다. 시온산은 거룩한 산(시 2:6), 여호와의 산(시 9:11)으로 불렸고, 시온이란 말의 가장 일반적인 정의는 "마음이 청결한 자"였다.

그래서 나는 나의 첫째 딸의 이름을 시온으로 정하여 동사무소에 가서 등록을 하였다. 영어로도 Sion으로 사용이 가능해 지금 미국에서도 영어 이름을 별도로 짓지 않고 그대로 사용하고 있다. 참 이름을 잘 지었는데 그 이름을 하나님이 주신 이름이라 생각하니 이름 자체만으로도 마음이 아주 평온한 느낌이 든다. 첫째 딸 돌잔치를 할 즈음에 아내는 다시 둘째를 가진 상태였다. 그렇게 첫째와 둘째는 16개월의 연년생이 되었다. 둘째를 낳을 때에도 대구에서 장모님이 직접 오시어 아내의 산후조리를 보살펴 주시니 참으로 감사했다.

나는 또다시 딸의 이름을 성경에서 찾기 시작했다. 며칠 동안 고민하다가 꼭 성경에서 딴 이름이 아니더라도 은혜스럽고 지혜로운 딸이란 뜻으로 은지로 하기로 마음먹었다.

지금 와 생각해 보니 둘째가 딸이었던 것이 참 다행이고 좋았다는 생각이 든다. 둘째는 성격도 좋고 재주가 많아 아내를 도와서 요리도 잘하고 그림도 잘 그리고 또 집안에 무슨 행사가 있어도 잘 계획하고 뭐든지 척척 하는 척척박사로 자라났다.

아내는 셋째 아이를 가지는 것이 여러모로 부담이 되어서 낳고 싶지 않다는 마음을 가지고 있었다. 셋째를 낳아 봤자 아들이란 보장도 없고 또 둘도 힘든데 셋을 어떻게 양육하느냐는 생각이 들어 아이를 더 가지지 않기를 원했다. 그러나 나의 생각은 달랐다. 꼭 아들을 하나 낳았으면 하는 마음이 간절했다. 그래서 교회나 이웃집의 어린 아들들만 보면 끌어안고 좋아해 주었던 것 같다. 그런 나의 모습을 보고 측은히 여겼는지 아내의 마음이 변했다. 우리는 아이를 가지기로 마음먹고 많은 기도와 연구를 했다. 아들을 만들기 위해서 먹는 음식부터 잠자리 시간 등 여러모로 연구한 결과, 기도를 거듭하다가 둘째와 7년 차이가 나는 아들을 가지게 되었다. 첫째 딸이 여덟 살, 둘째 딸이 일곱 살일 때인 1996년 5월이었다. 두 딸은 5월 5일 어린이날 선물로 다른 아무것도 필요없고 엄마가 아기를 낳아 주기만 하면 된다며 하나님께 두 손 꼭 모아 열심히 기도하는 모습을 보였다. 아내의 출산 예정일은 5월 20일경으로 되어 있었는데, 아이들은 어린이날 선물로 동생을 원했던 것이다. 1996년 5월 5일은 일요일이었다. 그래서 아이들과 함께 온 식구가 교회 버스를 타고 교회로 가던 중 아내가 진통 호소를 하여 애들은 교회에 내려 주고 나는 아내와 함께 병원으로 갔다. 그런데 병원에서 출산 예정일보다 2주를 앞당겨서 통증이 온 것 같다며 병원에 입원을 하라는 것이었다. 우선은 아내를 병원에 입원시키고 대기실에서 기다리고 있는데 병원에 들어간 후 세 시간 만에 간호원이 아기를 안고 나와 나에게 보여 주었다. 아들이었다. 정말 감격적인 순간이었다. 그토록 기다리고 기도하던 중에 아들을 낳았고, 또 두 딸의 기도 덕분에 어린이날 아내가 순산을 할 수 있었던 것이다. 나는 교회로 전화해서 두 딸들에게 엄마가 아들을 낳았다는 소식을 전했더니 아이들이 교회 주일 학교 선생님 앞에서 풀쩍풀쩍 뛰며 그렇게 기뻐했다는 이야기를 들었다. 어린이날 기도를 통해 가장 바라던 선물을 받은 두 딸이 기뻐하는 모습이 눈에 훤하게 그려졌다. 이제 아들의 이름을 또 지어야 하는데, 어떤 이름을 지을까 생각하며 성경과 찬송가를 계속 뒤적이면서 보고 있던 와중 자꾸만 내 머릿속에서 "공" 자가 들어 가는 이름을 지어야겠다는 생각이 들었다. 그래서 공 자로 시작하는 여러 가지 성경 단어들을 나열해 보았다. 공경, 공덕, 공도, 공부, 공상, 공양, 공의, 공평 등등 그 뜻을 하나씩 찾아보고 해석해 보았는데 공의 (창 18:25) 선과 악을 공평하고 의로우신 하나님의 성품 중의 하나로 정의되어 있었다. 그래서 나는 나의 아들이 공평하고 의로우신 하나님의 아들로서 세상에서 정의롭고 정직하게 하나님을 잘 믿고 하나님의 영광을 크게 높이는 자로 쓰임받기를 원하는 마음으로 "공의"란 이름으로 하기로 기도하며 마음속으로 작정하였다. 나의 자녀 시온, 은지, 공의. 모든 이름이 아름답고 귀하듯이 자녀들도 그 이름과 같이 다 착하고, 사랑스럽게 잘 성장해 성인들이 되어 또다시 자녀들이 가정을 이룰 때, 늘 하나님을 경외하고 하나님을 잘 믿는 가정을 자손대대로 꾸려 하나님의 축복을 이어가는 가정이 되기를 간절히 바라는 마음이었다. 그러한 마음으로 나는 나의 자녀들의 이름들을 위해 기도하고 성경과 찬송가를 보면서 직접 지었다.

큰딸의 대학 진학 과정

미국에서 가족들과 함께 생활하고 하나님께 기도를 하면서 내가 무엇보다도 중점적으로 신경을 많이 쓴 것은 자녀들의 믿음 생활에 관한 것이었다. 그래서 여름 방학 때면 교회나 크리스천 단체에서 운영하는 여름 캠프에 자녀들이 꼭 참석하도록 권장하여 매년 여름 캠프, 즉 중고등부 수련회를 다녀올 때마다 '신앙적으로 더욱 많이 성장한 걸 보니 그곳에 가서 참 잘 보냈구나' 하는 생각이 들어 내년에도 보내겠다는 심정을 가진 채 흐뭇해했다. 나는 자녀들을 공부만 집중적으로 하는 학교에는 보내고 싶지 않았다. 한국과 같이 이곳에도 과학고나 특목고와 같은 학교와 사립고등학교가 있으며, 그런 학교에서는 역시 아이들에게 학과목만 중점적으로 가르쳐 좋은 대학을 보내는 데에 그 의의를 두고 있었다. 그러나 나는 학생들이 교내에서 체육 활동, 밴드, 그 외 서클 활동 등을 마음껏 즐기고 많은 친구들도 사귀기를 바랐다. 공부에 너무 스트레스받지 않고 스스로 공부를 하고 싶다는 마음을 이끌어 냄으로써 자율적으로 공부를 하는 습관을 들여 주고 싶었다. 그렇게 대학교에 가서도 더욱 공부에 몰두하고 싶을 때에는 누군가의 강요에 의해서가 아니라 완전히 자율적이면서도 심도 있게 스스로 하는 자녀들이 되었으면 하는 마음이 들어 나의 자녀들을 일반 공립고등학교에 보내기로 했다. 큰딸이 고등학교에 진학을 할 시점에는 어느 대학에 소속된 특별한 학교에 가서 집으로부터 멀리 떨어져 생활하면서 더 공부를 하고 싶다는 이야기를 했다. 그 제안을 무작정 거절하지 않고 가족이 함께 학교를 직접 방문하여 충분히 살펴본 후 나는 딸에게 설명을 하였다.

대학교에 가면 어차피 가족으로부터 멀리 떨어지게 될 텐데 굳이 고등학생 때부터 일찍 집을 나가야 할 만큼 우선적으로 공부가 중요하지는 않은 것 같다. 고등학생 때는 가족들과 함께 생활하면서 가족의 중요성을 느낄 수 있도록 유대 관계를 유지하는 것이 더욱 중요하다고 덧붙여 말했다. 또한 부모님과 함께 생활하며 너의 마음속에 반석과 같이 굳건한 믿음이 생겨서 나중에 대학에 가서 혼자 멀리 떨어져서 생활해도 더욱 담대하게 그리고 하나님께 의지하는 그런 신앙심을 필요로 하니 그냥 집에서 다닐 수 있는 공립학교로 가도록 하라고 설득을 했다. 큰딸은 나의 의견에 동의하고 이를 적극적으로 수용하여 집 가까이에 위치한 공립고등학교로 진학을 하게 되었다.

고등학교 생활을 하는 동안 운동은 테니스, 음악은 학교의 밴드에 들어가 클라리넷을 연주하였는데, 텍사스주를 대표해 대회까지 참석할 정도로 아주 재능이 좋았다. 그리고 학교 생활 도중 교내 서클 활동을 위해 기존의 서클에 들어가지 않고 스스로 서클을 만들고 회원을 모집하여 활동을 하였다. 그 활동으로는 2주에 한 번씩 수업 후에 양로원을 방문하여 노인들과 함께 시간을 보내면서 대화의 상대도 되어 주고 가끔 노래와 악기 연주를 하면서 노인들에게 즐거움을 드리는 것이었다. 회장으로서 그 서클을 잘 이끌어 졸업할 때쯤에는 후배들에게 임원단을 위임해 주어서 지속적으로 서클 활동이 이루어질 수 있도록 하였다. 어른을 공경하는 마음으로 또 몸으로 실천하는 그런 서클 활동을 만들어 활동하는 나의 딸이 나는 아주 자랑스럽고 대견하다는 생각이 들었다. 고등학교 생활 4년 동안 다방면으로 활동을 하는 가운데 졸업식 때에는 전교 1등이라는 자격으로 450명의 졸업생을 대표해서 연설을 하는 딸을 바라보았다. 나는 감격스러운 눈물이 맺히는 것을 억지로 참으며 졸업식을 마치고 함께 사진을 찍으며 활짝 웃었다.

큰딸은 7개 대학에 합격을 하여서 어느 대학을 갈 것인가를 두고 고민하다가 하버드 대학 교육학 전공을 하기로 하고 진학을 하였다. 2006년 여름, 한국 방문 때 대구 매일신문에 게재 (2006년 6월 13일 자)되었던 내용을 일부 소개하고자 한다.

대구 출신 이시온 양 美대학 7곳 동시 합격 '화제'
"교육학 분야에서 미국과 한국을 잇는 가교가 되고 싶어요."

대구 동구 공산동 출신으로 6년 전 미국으로 건너간 소녀가 세계적인 명문 대학 7곳에 동시에 합격, 눈길을 끌고 있다. 미 텍사스주 남부의 작은 도시인 미션 시티(Mission City)에 거주하고 있는 이시온(18·사진) 양이 주인공. 이 양은 최근 하버드대와 예일대, 스탠포드대, 듀크대, 버클리대 등 7개 학교로부터 모두 합격 통지서를 받았다. 이 양이 태평양을 건넌 건 지난 2000년. 구미 LG전자에 근무하던 중, 멕시코 현지 공장 주재원으로 파견된 아버지 이훈구(45) 씨를 따라 온 가족이 떠나면서였다. 낯선 환경과 언어 차이에서 오는 이질감을 '죄와 벌', '전쟁과 평화', '제인 에어'와 같은 고전들을 읽으며 극복했다고 했다. 고교 시절 이 양의 성적은 눈부실 정도다. 학교 수석을 놓치지 않은 것은 물론, 2004년에는 수학경시대회인 'Skills U.S.A'에 출전, 텍사스 주 1위를 수상했고 미 전역에서 30명을 선발, 운영하는 스탠포드대학 수학캠프에 참가하기도 했다. 예능에도 재능이 남달라 클라리넷 경연대회에 출전, 상위 1%에 해당하는 '올-스테이트(All-State)'를 수상했다. 독실한 크리스천이라는 이 양은 뛰어난 성적만큼이나 봉사활동도 남달랐다고 했다. 고교시절 직접 사회복지시설 봉사단체인 'L.Y.F.E(Lively Youth For Elders)'을 결성, 매달 2번씩 양로원을 찾아다니며 봉사활동을 펼쳤다는 것. 이 양은 "그저 책상머리에서 공부를 하는 것보다는 제가 가진 열정을 다른 사람들과 나누고 싶었다."고 했다.

전공이 달라졌어요

보스턴에서 대학 생활을 하게 된 시온이는 학교 기숙사에서 교실로 오가는 중 홈리스 구걸을 하는 사람들을 만나면 그냥 지나치지 않고 잘 인사를 해 두고는 수업 후 빵이나 먹을 것을 가지고 가 그들에게 나누어 주며 친구처럼 다정하게 대해 주었다. 그래서 주변에 홈리스 구걸을 하는 사람들은 모두 시온이를 친구로 생각하고 마음에 있는 많은 이야기를 서슴없이 나누는 그런 가까운 친구가 된 것이다. 또 고등학교 다닐 때 같은 학교에서 백혈병을 앓고 있는 학생의 친구가 되어 주고, 마지막까지 그에게 희망과 용기를 주었다. 뿐만 아니라 그 부모들의 마음을 위로해 주고 그 아픔을 나누어 슬픔을 덜어 주고 그의 가족들이 평안한 마음을 가지도록 늘 기도하는 시온이를 보면서 '참 천사 같은 마음이구나.' 하는 생각이 들 때가 많았다. 양로원에 있는 환자 중 당뇨병으로 다리를 절단한 중년 남성이 있었다. 그러나 그의 가족들은 그를 보살피지 못하고 정부의 보조로 양로원에서 홀로 외롭게 지내는 중이었다. 시온이는 그 환자에게도 늘 친구가 되어 주었다. 고등학생 때는 월 2회 단위로 꾸준히 방문했으며 대학교에 가서는 집에 올 때마다 그에게 방문해서 대화를 나누고 삶의 힘과 용기가 되는 이야기를 해 주는 그런 딸의 모습에서 나는 부모로서 아주 자랑스럽고 대견스럽다는 마음이 들었다.

그래서 나도 나의 딸과 함께 도움이 필요한 사람들을 위해 매년 크리스마스 이브날 저녁, 가족 모두가 함께 양로원을 방문하여 크리스마스 캐럴 송과 찬양을 불러 주고 또 대화를 하며 시간을 보냈다. 양로원에서 홀로 외롭게 지내고 있는 노인들, 환자들과 함께 잠시 지내는 그 순간에 행복한 마음이 들었다. 우리 교회에는 매년 여름, 일주일 동안 멕시코 산루이스포토시 산골 마을로 단기 선교를 다녀오는 프로그램이 있다. 나는 2006년도부터 매년 그곳에 단기 선교를 다녀오는데, 2007년도 여름에는 나의 큰딸 시온이도 함께 참석을 하게 되었다. 대학교 1학년을 마치고 여름 방학 때 선교를 함께 가게 된 것이다. 선교지에서 선교 봉사를 하면서 어린아이들에게 성경 말씀을 전하고 또 아이들과 함께 놀아 주고, 오후에는 여름 성경 학교를 하면서 여러 가지 프로그램에 따라 아이들과 함께 즐겁게 시간을 보내기도 했다. 그런데 어른을 대상으로 하는 부흥회를 할 때에 참석하는 어른들은 거의 절반이 환자들이었다. 그곳이 시골이기도 하고, 가난해서 아파도 병원을 못 가고 그냥 참는 사람들이 대다수였기 때문이다. 그런 사람들에게 우리가 해 줄 수 있는 것은 기도 외에 별다른 방도가 없었다. 만약 우리와 함께 선교지에 온 멤버 중 의사가 있다든지 해서 의료 선교를 왔다면 많은 도움이 될 텐데. 그저 아쉬운 마음으로 말씀을 전하고 육신의 병과 또 영혼의 구원을 위해서 간절한 마음으로 날마다 하나님께 기도했다.

온종일 어른들을 대상으로 부흥회를 하고 어린이들에게는 성경 학교를 열어서 말씀을 전하는 동안, 새벽에는 선교에 참석한 멤버들이 함께 큐티 시간을 통해 열심히 기도하는 시간을 가졌다. 그러던 중 마지막 날 저녁, 둘러앉아 선교 활동에 대한 정리 시간을 가질 겸 돌아가면서 선교 기간 동안 있었던 일들에 대한 소감을 한마디씩 이야기하는 시간이 왔다. 그렇게 시온이의 순서가 되었다. 시온이는 한동안 침묵을 지키다가 입을 열고는 하는 말이 자신의 전공이 교육학인데, 이번 활동을 통해 의학으로 바꾸고 싶어졌다는 것이었다. 이유는 의사가 되어서 이렇게 가난한 지역의 못 사는 사람들에게 단기 선교를 와서 말씀도 전하고 기도도 할 뿐만 아니라, 의사로서 뭔가 눈에 보이는 봉사 활

크리스천 자녀 교육, 결혼을 어떻게 시켰어요?

동을 병행하며 선교하는 게 훨씬 더 하나님의 영광을 높이고 또 하나님 나라의 확장이 쉬워질 것이라며 장래에 의사가 되는 것으로 꿈을 바꾸고 싶다는 이야기를 했다. 평소에 불쌍하고 가난한 사람들을 보면 늘 연민을 보이고 곧잘 도와주던 딸이었는데 이번 활동 때에도 딸의 마음은 이미 의사가 되어 가난한 동네의 노인들과 환자들을 돌보고 있는 듯한 느낌이 들었다. 내게는 본디 시온이가 의사가 되었으면 하는 마음이 있었다. 그러나 나의 의견을 강요하기보다는 자신이 하고 싶다는 교육학을 하도록 그냥 두고 있을 때, 그런 딸의 마음이 바뀌어서 스스로 의사가 되겠다고 다짐하는 걸 보니 참 하나님께 감사한 마음이 가득하다.

둘째 딸의 재능

둘째 딸 은지는 성격이 참 좋다. 그래서 고등학교 때 친구들도 다양하게 많은 편이었다. 12학년 때에는 400여 명이 되는 밴드에서 지휘를 맡았고 각종 밴드 대회 때마다 학교를 대표해 큰 운동장에서 단원들의 행진을 지휘하는 딸의 모습을 볼 때면 장하고 자랑스러웠다. 또한 요리를 잘하는 재능이 있어서 가끔 맛있는 요리도 해 먹었다. 뿐만 아니라 은지와 맛있는 빵과 쿠키를 만들어서 함께 먹을 때면 나중에 은지가 사는 집 가까이에 살고 싶은 마음이 들 정도로 솜씨가 빼어난 편이다. 때로는 은지가 만든 음식을 먹으면서 고급 레스토랑의 음식이라고 착각할 때가 한두 번이 아니었다. 은지가 만든 음식은 한식이 아닌 서양식 요리인데, 세계 각국의 요리들을 책과 인터넷을 참고해서 만드는 것인데도 맛이 보통 수준 이상이다. 은지의 전공이 미술은 아니지만 그림도 잘 그리는 편이다. 대학교 때 한 학기 동안 미술 과목을 수강하면서 익힌 솜씨가 아주 탁월하다는 생각이 든다. 은지가 잘하는 것들을 나열한 것은 내 딸을 자랑하기 위해서가 아니라, 하나님께서 은지에게 주신 그 은사가 너무나 아름답고 고귀한 것들이라는 생각이 들어 함께 공유하고 싶을 뿐이다. 하나님은 사람들마다 그 사람에게 적합한 은사를 주신 것 같다. 그래서 하나님이 주신 그 은사를 잘 활용하면 삶이 더욱 즐겁고 행복해질 것이다. 은지는 보스턴에 있는 뉴아이비 리그라고 불리는 타프스(Tufts) 대학교에 입학하여 사회학을 전공하고, 졸업 후 2년 동안 칼리지 포워드에서 봉사하면서 가난한 가정들의 고등학생들을 대상으로 대학을 진학하도록 지원하고 또 학비를 정부와 대학에서 지원을 받을 수 있도록 상담을 해 주는 일을 했다. 그 활동을 통해 유스 그룹의 학생들과 아주 친하게 지내면서 그 아이들의 친구 혹은 가족처럼 좋은 유대 관계를 맺으며 하는 일에 많은 보람을 느낀 것 같다.

그렇게 2년 내내 봉사 활동을 하는 동안 봉사 기관인 칼리지 포워드에서 은지에게 매월 생활비와 매년 장학금을 지원해 주어 은지는 대학원에 가기 위한 준비를 스스로 해 나갔다.

낮에는 봉사 활동을 하고 저녁에는 대학원 가기 위해 필요로 하는 전공 과목들을 수강해서 크래딧을 받아 가며 착실히 준비해 나가는 은지가 대견스럽다는 생각이 들었다. 2년 동안 봉사 활동을 하면서 준비한 결과, 은지는 의과 대학 PA 과정에 합격을 하게 되었다. 의과 대학에서 공부를 다 하고 졸업 후에는 세계적으로 유명한 암 센터인 MD 앤더슨 병원에서 일을 하게 되었다. 여자에게 PA는 아이들을 낳고 살림을 하면서 근무하는 조건으로는 아주 인기가 있는 직종이었고, 미국에서 떠오르는 유망 직업에 속한다고 볼 수 있다. 은지는 코리안 아메리칸으로서 1.5세대가 타국 땅에서 장기적인 관점에서 전문성이 있는 직업을 가짐으로써 인종 차별도 피하고, 환자들을 진찰하면서 많은 사람들을 상대하는 직업을 가지기 위한 선택을 아주 잘했다는 생각이 든다.

나의 친구 아들

둘째 딸 은지를 놓고 7년 만에 얻은 나의 아들 공의는 마음이 아주 착하고 이름과 같이 정직하고 정의로운 사나이다. 가족이 함께 식당에 가서 식사를 할 때면 나는 아들로부터 가끔 핀잔을 받을 때가 있다. 음식을 주문할 때에 종업원에게 좀 더 친절하게 하라고, 또 밥을 먹을 때 입에서 너무 소리가 나지 않게 조심해서 먹어야 한다는 등 한국식 사고로 식당에 갔다가 미국식 사고 방식을 가진 아들에게 가끔 지적을 받았다. 그 덕분에 나 스스로도 고치려고 많은 노력을 하는 편이다. 미국에는 무엇을 주문해도 "Please"를 꼭 붙여서 공손하게 하는 습관이 들어 있는 게 대부분이며, 밥을 먹을 때에도 옆 사람들에게 음식을 씹는 소리가 들리지 않게 아주 조심해서 먹어야 한다. 한국에서 급하게 주문해 급하게 밥을 먹던 습관을 가지고 미국에서 생활하려 하니 이만저만 어려운 일이 아닌 것 같았으나, 아들과 두 딸이 잘 지적해 준 덕에 미국 생활 10년이 넘어가니 비교적 많이 적응을 하게 되었다. 다시 말해, 자녀들 덕분에 미국 문화에 많이 익숙해진 나 자신을 발견할 수 있었다는 뜻이다. 공의가 초등학교에 다닐 때에는 책을 아주 많이 읽는 학생이었다. 4-5학년 때에는 전교에서 책을 가장 많이 읽어서 매 학년 종강식마다 책 읽기 1등 독서 왕으로 뽑혀서 상패도 받아 왔다. 중학교 때에는 학교에서 밴드 활동을 하다가 8학년 때 다이아몬드 학생으로 뽑혀서 상패를 받아 오고, 밴드 지도 선생님과 친구처럼 아주 가까운 사이가 되었다. 그 영향 때문인지 공의는 앞으로 음악을 전공해서 밴드 디렉터가 되고 싶다고 말을 해 왔다. 그때 나는 조심스럽게 음악을 좋아하고 재미있어 하는 것은 좋은데 가능하다면 취미로 두고, 장래 직업으로 삼는 것은 좀더 생각해 보고 천천히 결정을 하자고 이야기를 해 주었다. 그렇게 고등학교에 진학해서도 계속 밴드 활동을 하고, 밴드부 내의 드럼 라인 멤버로서 약 20여 명의 드럼 라인 친구들과 아주 절친하게 지내는 모습을 보였다. 9-10학년 때에는 이성에 눈이 뜨이면서 비교적 예민해지고, 혼자 있고 싶어 하는 아들을 바라보며 온 가족이 고민에 빠져 있었다. 그러던 중 큰딸 시온이가 이메일로 편지를 보내왔다. 그 편지의 내용은 아래와 같다.

사랑하는 엄마 아빠께

며칠 동안 기도하면서 여러 존경하는 분들이나 책을 통해 얻은 지혜의 충고를 모아서 보낸답니다. 벌써 일하러 가야 해서 짧게 안부를 전해 드리지만 큰딸이 항상 기도하고 있다는 거 기억하시고 오늘 하루도 믿음으로 승리하시길 바라요. 믿음 없이는 하나님의 기도 응답을 기대할 수 없다는 것 우리 다 함께 기억하면서 우리 가족의 어려움과 고비를 통해 오직 하나님께서 영광받으시길 기도해요.^.^

엄마, 아빠를 무지무지 사랑하는
시온 올림.

1. 매일 아침 학교 가기 전, 매일 밤 잠들기 전 침대 옆에서 엄마, 아빠의 기도 소리를 들으면 세상이 줄 수 없는 평안을 즐기며 성장할 수 있다.
2. 무조건 하지 말라고 금하는 것보다 바른길을 선택하면 따라오는 축복과 혜택을 강조하면 아이에게 주는 스트레스를 줄일 수 있고 오히려 부모님이 자신을 믿어 준다는 사실로

위로를 얻으며 자신감을 가지고 성장할 수 있다.
3. 여자아이들은 얼굴을 마주 보고 모든 걸 멈춘 후 이야기를 나누지만, 남자아이들은 옆에서 어떤 일을 같이하거나 운동을 즐기면서 자연스럽게 이야기를 나눈다. 남자아이들은 존중을 받아야지 사랑받음을 느낀다.

그래서 엄마나 누나보다는 아빠나 주위의 형, 또는 남자 멘토들과 마음으로부터 진실한 대화를 나누는 것이 절실히 귀하다. 특히 아이의 깊은 속마음 이야기를 들어 주는 시간이 비율적으로 적다는 것은 아이를 믿지 못하고 부모로써 일방적으로 충고나 잔소리만 하고 있지는 않는지를 점검해 볼 필요가 있다. 자신을 믿어 주지 않고 이것저것 하라, 하지 말라 하면 엄청난 스트레스로 반항을 하게 된다. 오히려 동등한 인간으로써 좋은 뜻으로 자신을 믿어 주는 방향에서 충고를 해 주면 더 잘 받아들인다. "너 어떻게 그럴 수가 있니?"라고 부정적으로 말하는 것보다 "아빠 같았으면 이렇게 했을 거야. 이건 너의 인생이고 네가 선택하는 길에 네가 책임감을 지고 살아가야 한다는 걸 기억하렴. 그런 면에서 아빠가 충고해 주는 것은 아빠도 예전에 너만 할 때 네가 아빠의 말을 잘 알아듣고 좋은 선택을 할 줄 아빠는 믿어." 하고 긍정적으로 항상 이야기를 해 주는 것이 아이의 마음을 움직일 수 있다.

항상 긍정적으로 칭찬과 격려의 말로 아이의 마음을 다룰 것을 명심해야 한다.

4. 아이에게 일을 시키거나 같이하면서 용돈을 벌 수 있도록 하면 책임감 있고 성실한 아이로 성장할 수 있다. 잔디를 같이 깎거나 다른 잔일들을 아이에게 맡기고 적당히 용돈을 주면서 세상에서 살아가는 법과 여러 가지 좋은 레슨을 가르칠 수 있다. 아이에게는 자신을 신뢰하고 일을 맡겨 준다는 사실이 굉장히 큰 격려와 용기가 된다.

5. 신명기 6:6-9에 보면 하나님의 말씀을 읽고 기도하는 시간이 길고 지루한 군인 스타일로 이루어지는 것보다 짧고 간단하지만 꿀보다 달콤한 시간이 되도록 충고하고 있다. 성경 말씀 암송, 찬양, 예배, 기도 시간이 아이에게 즐겁고 기다려지는 시간이 될 수 있는지 점검해 보면 좋다.

6. 아이에게 비전을 심어 주지 않으면 다른 세상적인 것으로 빠져들 수밖에 없다. 아이과 함께 비전을 볼 수 있는 곳으로 같이 가 주며 보여 주자. 일주일에 한 번 양로원 방문, 병원 방문, 불우한 이웃 방문, 음식 나눠 주는 곳 방문 등을 아이의 시간과 에너지 소비에 우선순위로 자연스럽게 같이 만들어 주지 않으면 자라서 혼자서 그렇게 할 것이라고 기대할 수 없다.

7. 부모가 아이에게 해 줄 수 있는 가장 위대한 두 단어는 "아빠(엄마)를 용서해 주렴."이다. 이것은 부모가 자신의 잘못을 인정하고 뉘우치는 모습을 보여 줘야 아이도 그처럼 진정한 용서와 회개의 뜻을 배울 수 있다는 점에서이다. 부모가 자신은 완벽하고 그래서 무조건 자신의 말에 순종해야

한다고 한다면 그 아이도 똑같이 그렇게 자랄 수밖에 없다.

시온이의 편지를 받고 아내와 나는 아들의 고민을 함께 나누고 이해해 주기 위해 많이 기도하면서 함께 노력을 해 나갔다. 아내는 아들을 위해서 저녁마다 기도하고 또 방과 후에 시간이 나면 함께 푸드 서비스에서 무료 봉사 활동을 해 사회에서 남들을 도와주는 마음을 가질 수 있도록 환경을 만들어 나갔다. 또 주말에는 양로원에 찾아가서 환자와 대화를 하는 시간을 가짐으로써 아들의 마음에 남을 배려하는 마음이 생기도록 함께 노력해 나갔다. 그리고 아빠인 나는 아들의 친구가 되어 주기로 마음을 먹고 몇 가지 아이디어를 생각해 내었다. 아들이 좋아하는 새로운 영화가 나오면 아들과 함께 영화관에 가서 영화를 보고 친구같이 즐거운 시간을 보내고는 서로 영화 내용에 대한 이야기를 나누며 점점 아들과 가까워져 갔다. 또 아들과의 대화 중 무엇을 질문하면 "몰라요."라는 대답을 적지 않게 하는 것을 보고, 그것을 고쳐 주어야 하겠다고 생각했으나 아무리 지적해 봐도 여전히 대화 중에 "몰라요."라는 표현을 쉽게 하는 모습을 볼 수 있었다. 그래서 나는 한 가지 아이디어를 내어 아들에게 제안을 하였다. 아들과 대화 중 "몰라요."라는 표현을 일주일 동안 몇 번이나 하는지 카운트해서 단 한 번도 하지 않으면 아빠가 아들에게 5불을 주고, 한 번이라도 할 때마다 아들이 아빠에게 1불을 주는 조건을 걸었다. 아들과 합의가 된 상태에서 첫 주일부터 몇 주 동안은 아들로부터 매주 2-3불을 받았다. 그러나 몇 주일이 지나자 아들의 입에서 "몰라요."라는 표현이 사라지고 도리어 내가 매주마다 아들에게 5불씩 주게 되었다. 그 덕에 아들이 고등학교를 졸업할 때까지 약 3년 동안 매주 5불씩 주게 되었는데, 그것은 곧 아들의 용돈이 되었다. 아들과 약속도 지키고 아들에게 용돈도 주게 되어서 아빠로서 아주 기분이 좋았다. 그리고 아들도 5불을 받을 때마다 고마운 마음으로 받으니 나 역시 주면서 더욱 마음이 흐뭇한 느낌을 가지게 되었다. 11학년이 되면서 아들은 엄마, 아빠와 더욱 친밀한 관계가 유지할 수 있게 되었다. 엄마도 아들의 친구, 아빠도 아들의 친구처럼 되어서 아들이 집에 있을 때 심심하지 않게 되었다. 가끔 아들이 학교에서 1박 2일로 타 도시로 간다든지, 교회에서 캠프를 며칠 동안 가게 되면 허전하고 심심함을 느끼니, 나의 아들은 나의 친구와 다를 바가 없구나 하는 생각이 들 정도로 우리는 가까워졌다. 어느 날 아들이 종이에 뭔가 그려서 나에게 가지고 왔다. 무엇인지 설명을 들어 보니 우리 집 뒤뜰에 정원을 만들자면서 도안을 만들어 온 것이다. 그래서 우리는 함께 땅을 파고 아들이 도안한 것처럼 벽돌로 예쁘게 정원을 만들어서 채소도 심고 꽃나무도 심고, 매일 아침저녁으로 물을 주면서 채소가 자라는 모습과 꽃나무가 자라서 꽃이 피는 모습을 봤다. 동시에, 아들과 같은 취미를 가지고 더욱 가까운 친구가 되어 감을 느꼈다. 아들에게 땅을 파고 거름을 뿌리고 씨앗을 심어서 싹이 나고 채소가 되는 것을 직접 체험하게끔 가르쳐 주었더니 아버지날 편지에서 농사짓는 방법을 가르쳐 주어서 고맙다는 말을 했다. 퇴근을 하여 저녁을 먹고 나면 아들과 함께 정원에서 보내는 시간이 내게도 아주 재미있고 기다려지는 시간이 되었다. 아들은 차를 끓여서 마시는 것을 좋아한다. 그래서 다른 지역에 가면 꼭 차를 끓일 수 있는 재료를 구입하여 집에서 여러 가지 차들을 끓였다. 그 차를 함께 마시며 아들과 같이 만든 정원을 보면서 이야기를 나누는 시간이 나는 아주 기다려진다. 나의 아들이 나의 가장 가까운 친구가 된 느낌이 든다.

나의 가장 가까운 친구, 나의 아들이 고등학교를 졸업하고 대학을 가게 되었다. 그것도 집에서 비행기를 세 번이나 타야 하는 먼 거리로 가게 되었다. 대학교에 갈 때는 큰 가방 두 개를 비행기에 먼저 태워 짐으로 보내고 또 두 개의 가방을 손에 들고 떠났다. 뉴욕주의 이따까시에 있는 코넬 대학으로 가게 되었다. 아들은 머리가 아주 좋은 편인데, 공부를 열심히 하기보다는 즐기면서 하는 편이었다. 고등학교 때 교내 밴드에서 북을 치기도 하고, 교회의 찬양팀에서 베이스 기타도 치고, 첼로도 개인 레슨을 받아 이곳 대학의 오케스트라팀에 들어가서 활동을 하고 또 피아노도 개인 레슨을 받아 잘 치는 편이다. 여러 가지 악기를 잘 다루는 재능이 아주 풍부한 것 같았다. 하지만 음악 대학에 보내지는 않았다. 악기를 다루는 천재적 재능이 있다면 모를까 그렇지 않으면 직업으로 택하기보다는 여가 생활에 활용하는 정도로 즐기고, 가능한 한 아들이 좋아하고 또 잘할 수 있는 쪽으로 공부를 하여서 나중에 직업을 가졌을 때에도 장기적으로 재미있고 좋아하고 또 경제적으로도 도움이 많이 됐으면 했다. 그래서 아들은 대학 전공으로 통계학을 택하여 재미있게 공부를 하고 있는 편이다. 원래 수학을 좋아하고 또 잘하는 편이었다. 앞으로 통계학을 전공하여 관련 분야에서 인정받는 사람이 되어, 하나님 영광을 드높이는 자녀가 되었으면 하고 기도 중이다.

아들이 다니는 대학 방문

세 자녀 중 막내인 아들을 멀리 있는 대학으로 보낸 후 처음으로 아들이 다니는 대학교를 방문하게 되었다. 내가 사는 집에서는 비행기를 세 번이나 타야만 갈 수 있는 멀고도 먼 곳이었다. 대학에 입학할 때에는 혼자 보냈으니 몇 개월 후 아들의 학교를 방문하여 학교 생활에 잘 적응하고 있는지, 주일날 교회에 잘 나가고 신앙 생활은 잘하고 있는지, 기숙사 생활하면서 학교 식당의 식사 메뉴는 괜찮은지 등등 점검도 할 겸 방문을 하게 되었다. 두 명의 딸들은 보스턴에서 대학을 다녀 그곳에는 여러 번 가 보았는데 이번에는 뉴욕에서 한 시간 동안 비행기를 타고 가야 하는 대학교만 있는 도시 이따까시까지 집에서 비행기를 세 번 경유해 가게 되었다. 아들의 학교에는 10월 말에 방문을 했는데, 학교 안의 나무들은 벌써 단풍잎이 아름답게 울긋불긋하게 물들어 있어 학교 전경이 한폭의 그림과 같았다. 학교에 도착하여 아들과 함께 학교 식당에서 저녁 식사를 하였다.

메뉴가 아주 다양하고 신선하여 맛있게 먹었다. 자녀를 이곳으로 보내어 늘 먹는 게 어떠할지 걱정했는데, 교내 식당에서 식사를 해 보니 괜한 걱정을 했구나 싶었다. 영양가 있고 골고루 여러 종류들을 먹을 수 있도록 되어 있어서 아주 마음이 놓였다. 그리고 이 지역은 겨울에 아주 추운 편이라 기숙사 방이 춥지는 않을까 염려를 했는데 기숙사에 들어가 보니 난방 시설이 잘되어 있어서 방이 아주 따뜻하고 좋았다. 특히 방에서 내려다보이는 창밖의 모습들, 자연과 어울리는 건물과 나무들이 마음을 편안하게 해 주는 것 같았다.

교내의 도서관, 박물관 그리고 주변의 산책로 등을 구경하였다. 교내에는 졸졸 흐르는 시냇물이 있고 또 어떤 곳에는 물이 모여 낭떠러지로 떨어지면서 형성된 작은 폭포도 있어서 교내 산책로를 따라 아들과 함께 걸으면서 아름다운 추억을 만들기에 적합했다.

주일이 되어서 아들이 다니는 교회를 방문하여 함께 예배를 드리게 되었다. 앞서 말했듯 아들은 고등학교에 다닐 때 여러 가지 악기를 다루었는데, 이번에는 교회 예배 중 앞에서 베이스 기타를 치며 예배를 돕고 있었다.

예배 시간은 11시이지만 매 주일마다 아침 9시까지 먼저 가서 연습을 하고는 예배 시간이 되면 찬양팀과 함께 베이스 기타를 쳤다. 그러나 그 기타를 교회의 찬양팀 인도자로부터 빌려 사용을 하고 있기에 기숙사에서 연습을 하고 싶어도 할 수 없다는 사실을 알았고, 예배를 마치자마자 아들과 함께 악기점에 들러 베이스 기타와 그것을 연결하여 사용할 스피커도 구입하여 주었다. 아들이 아주 좋아하는 모습을 보이고 또 기숙사에 가서 연습하는 모습을 보니 나 또한 기분이 아주 좋았다. 그로부터 1년 후, 아들이 2학년이 된 가을에 다시 한 번 더 아들의 학교를 방문하였다. 이번에는 아들이 공부 외에도 많이 바쁘게 학교생활 중인 것을 보게 되었다. 1년 중 대학생, 대학원생을 통틀어 총 4명만 뽑는, 학교 교회 종탑에서 21개의 종에 매달린 건반을 피아노 치듯이 누르면 여러 종류의 종소리를 통하여 음을 만들어 내는 일을 하는 데에 뽑혔기 때문이다. 일주일에 몇 번씩 30분간 연주를 하고 또 연주 연습을 하는 시간에도 학교에서 일정한 금액을 지불하므로 생활비도 벌고 있었다. 또한 아들은 수업이 없는 시간에 다른 강의실 수업 진행을 돕는 마이크 셋 업 하는 작업을 하고, 강의실 뒤에 붙어 있는 별도의 방에서 강의가 끝날 때까지 기다리다가 끝나면 다시 정리하는 일을 하며 학교에서 지불하는 임금을 받고 있었다. 본인의 용돈은 스스로 벌어 자급자족하는 모습을 보고 아주 기특하기도 하고, 독립심을 가지고 스스로 할 일들을 잘 찾아서 하는 모습이 대견스러웠다. 딸 둘, 아들 하나, 세 명의 자녀 모두가 대학 생활을 하는 동안 용돈을 스스로 벌어서 자급자족하는 모습을 통해 미국에 사는 아메리칸 코리안으로서 현지인들에게 밀리지 않고 스스로 살아갈 수 있는 생활력을 잘 기르고 있는 것 같아 마음이 놓였다.

아들의 대학 과정과 졸업
그리고 취직

나의 친구이자 사랑하는 아들 공의가 다니는 대학교에서 개최한 오픈 하우스 부모님 초청 행사에 3박 4일 동안 다녀왔다.

학교가 산과 들판, 계곡 등이 있는 자연 그대로의 상태에서 건물들이 아름답게 조화를 이루고 있으니 가을 단풍의 절정을 마음껏 느낄 수 있었다.

큰아이들이 다니던 보스턴 지역도 단풍은 좋았으나 이와 같이 자연 그대로의 모습은 아니었던 것 같다. 이번 방문으로 늘 더운 곳에서 살던 나의 집을 벗어나 춥고 차가운 신선한 공기와 자연을 만끽할 수 있어서 참 좋았다.

행사 마지막 날 저녁에는 체코의 필하모니 합창단의 합창 노래에 흠뻑 젖을 수 있었다.

교회 생활과 학교생활에 잘 적응 중인 아들이 대견스럽고, 그럴 수 있음에 다시금 감사함을 느꼈다.

이 모든 것 하나님의 은혜요, 하나님께 영광 드높여지길 소망합니다.

이듬해 가을에 다시 아들의 학교를 방문하여 아들의 학교생활을 재차 둘러보는 시간을 가졌다. 그쯤에는 아들이 한국의 사물놀이 서클에서 북을 치며 주마다 많은 연습을 하고 또 가끔 연주를 하면서 즐기는 모습을 보게 되었다. 그런데 문득 아들이 그곳에서 너무 많은 시간을 소비하는 것은 아닌가 하는 생각이 들었다. 그래서 3학년이 되면 더욱 공부에 전념하여 4년 만에 졸업을 해야 하니 그 서클 활동을 중단할 것을 아들에게 조심스럽게 제안을 하였다. 그렇게 3학년이 되자, 아들은 부모의 말을 듣고 사물놀이 서클 활동을 중단하고 공부에 전념하기 시작했다.

두 번째로 아들의 학교를 방문한 이후 카카오톡 스토리에 남긴 나의 글을 공유하겠다.

작년에 이어서 올해도 아들이 다니고 있는 대학교를 방문했다. 학교생활도 교회 생활도 잘하고 있어서 참 감사한 마음이 들었다. 3박 4일 일정으로 집에서 비행기를 세 번이나 타고 왔지만 아들을 만나서 지내다 보니 벌써 마지막 날 밤이 되었다. 오늘은 아들이 다니는 교회에서 추수감사절 예배를 드리고 감사에 대한 말씀을 나눈 후 풍성한 점심식사도 맛있게 먹었다. 언제 어디서든지 그분의 돌보심에 감사한 마음이 든다는 느낌이다. 참 감사합니다, 주님. 사랑합니다, 주님. 그리고 하나님을 경외합니다!

아들이 대학교 3학년이 된 후 여름 방학을 맞이하자 10주간 델라웨어주에 있는 JP Morgan에서 인턴을 한다고 했다. 나는 집사람과 둘째 딸과 함께 그곳을 함께 방문하여서 10주 동안 거주할 집과 그 외에 필요로 한 것들을 챙겨 주고는 주변에 아들이 다닐 만한, 규모가 큰 한인 교회를 찾았다. 토요일에는 그 교회를 방문하여 담임 목사님과 청년들 담당 전도사님을 만나서 인사를 나누고, 10주 동안 교회를 다니기에 불편함이 없도록 주일마다 차를 태워 줄 사람도 찾아 아들이 교회를 가는 데에 불편함이 없도록 조치를 취한 후 돌아왔다. 그 이후 카카오톡 스토리에 남긴 나의 글을 공유하겠다.

세 자녀 중 셋째인 아들이 대학교 3학년인데, 여름 방학 중 10주간 델라웨어의 JP Morgan에서 인턴십을 하게 되었다. 그래서 우리 부부와 둘째 딸이 시간을 내어 아들이 10주 동안 거주할 집에 가서 여러 가지 셋 업을 해 주었다.

그리고 남는 시간에는 미국 역사의 최초 도시 필라델피아를 방문하여 250여 년 전의 미국의 시작을 엿보고 왔다. 200여 년이 된 집과 거리, 미국의 두 번째 은행 빌딩, 미국 최초로 국기를 제작한 곳, 박물관 등을 둘러보고 아들이 머물 집의 냉장고에 여러 가지 음식 재료. 과일 등을 준비해 줬다. 또한 아들이 그곳에서 다닐 수 있는 한인 교회를 찾아 방문하여 목사님과 영어 설교 전도사님을 만나 인사를 나누었다. 아들이 이곳에서 주일날 교회도 잘 다니고 건강하게 잘 지내기를 바라면서 아들이 머무를 방에서 예배를 드리고 우리는 집으로 발길을 옮겼다.

하나님, 이 아들의 생활에 늘 하나님께서 동행하여 주시옵서.

아들은 통계학을 전공하여서 지난 여름 방학 때 JP Morgan에서 10주간 인턴십을 하였고, 졸업 후에도 그곳에서 일하기로 확정이 되어서 먼저 일부터 하겠다고 한다.

　마음 같아서는 박사 과정까지 계속 공부를 했으면 했으나 일부터 먼저 해 본다는 아들의 의견에 아버지로서 더 이상 강요를 할 수는 없어 아들이 하고픈 대로 하기로 했다.

　아들이 잘 졸업하게끔 지켜 주신 하나님께 감사드립니다. 그리고 앞으로 아들의 마음에 무엇보다도 반석과 같이 굳건한 믿음이 자리 잡을 수 있도록 도와주시옵소서.

　아들이 4년 동안 열심히 공부하여서 제때 졸업을 하고 또 졸업과 동시에 취직을 하게 되어서 먼저 하나님께 감사한 마음이 든다. 그리고 아들이 자랑스럽고 대견스럽고, 아들에게 고맙다는 생각이 든다.

세 자녀의 어머니

　　딸 둘에 아들 하나를 낳고 헌식적으로 자녀들을 위한 기도 생활과 열심히 성경 읽기를 하는 나의 아내는 매사에 말보다는 생각을 먼저 하고 천천히 행동에 옮기는 아주 신중한 스타일이다. 평소 취미가 독서라서 신간 도서만 나오면 책을 구입해 독서 삼매경에 빠지는 나의 아내를 나는 아주 자랑스러운 아내라고 말하고 싶다. 딸 둘을 연년생으로 낳고 딸들을 동시에 키우는 게 힘드는 일이지만, 아들까지 낳아 준 아내가 참 고맙다는 생각을 해 본다. 2000년도에 미국으로 이민을 와서 매주 일요일 저녁이면 한국의 어머니에게 전화를 걸어 나의 어머니와 통화를 했다. 아들, 손자, 손녀, 며느리의 목소리를 다 들으실 수 있도록 하면서 지금까지 지내다 보니 나의 딸들 역시 대학을 가면서 객지 생활을 시작함과 동시에 거의 매일 집으로 전화를 해 주는 게 무척 고맙다는 생각이 든다. 집으로 전화가 오면 나의 아내와 그날 있었던 이야기를 서로 주고받는 모습이 참 좋다. 일하고 집으로 퇴근하면 나는 나의 아내에게 "애들 전화 왔어요?" 하고 물어보는 것이 하나의 인사가 되어 버렸다.

막내아들이 10학년 때까지는 학교 식당에서 점심을 먹다가 11학년이 되어서부터는 집에서 엄마가 준비한 도시락으로 먹고 싶어 했다. 아내는 매일같이 아들이 좋아하는 종류의 샌드위치와 여러 종류의 음료수, 칩 등을 준비해서는 꼭 그 도시락에 짧은 메시지를 직접 적은 종이를 동봉해서 넣어 주었다. 그러면 아들은 점심을 먹기 전에 엄마가 준비한 도시락을 열어 보는 순간 매일매일 다른 문구가 적혀 있는 엄마의 메시지를 읽게 되니, 엄마의 사랑과 엄마의 정성에 감동을 받으면서 맛있게 점심식사를 할 수 있었을 것이다. 그 애정을 통해 아들의 키는 더욱 쭈욱 잘 자라고, 이성에 눈뜨는 나이임에도 불구하고 바르게 잘 자라 주어서 하나님께 감사하고 나의 아내에게 고맙다.

나의 아내는 아주 규칙적인 생활을 하는 편이다. 일주일에

3번은 헬스장에 가서 걷기 운동과 여러 가지 운동 기구로 운동을 하고 또 일주일에 두 번은 집에서 요가를 반드시 한다. 그리고 거의 매일같이 큐티 시간을 가지고서 성경 읽기를 실천하는 편이다. 혼자서 성경 일독을 하고 또 교회에서 50일 성경 읽기를 하면 일독을 하게 되어 1년에 성경을 총 두 번 읽게 되는 것이다. 그리고 나의 아내는 여행 가는 것을 무척 좋아한다. 미국에 처음 이민 왔을 때는 여름과 겨울에 한 번씩 미국 내에서 가족 여행을 다녔다. 그러다가 아이들이 크게 자라고 나서는 나와 단 둘이 가는 것을 좋아하게 됐다. 그러나 아직은 막내아들의 학업으로 인해 가지 못해서 막내가 대학에 가고 나면 세계 여러 곳들을 함께 다녀 보았으면 하는 마음이 든다.

책 읽고 요가 하는 게 취미인 나의 아내가 어느 잡지사의 내용을 스크랩해서 둔 것을 보고 이 책에 소개하여 공유하므로 이 책을 읽는 독자들에게도 이 스크랩 내용이 도움이 되었으면 한다. 미국 휴스턴 지역에서 발행되는 〈WEEPLE Life〉라는 잡지인데, 2013년 8월 23일 자에 힐링 라이프 "뇌가 행복하면, 몸도 행복하다"라는 제목으로 게재된 내용으로써, 해피 바이러스에 대한 내용을 소개한다.

행복감은 우리를 건강하게 만든다. 뇌가 행복하다고 느끼면, 도파민이나 세로토닌 같은 뇌의 신경 전달 물질이 늘어나 만족감과 편안함을 느끼면서 체내 면역력이 높아지면서 일어나는 변화들이다. 또 행복하면 뇌의 좌측 전두엽이 발달한다. 행복감을 느끼는 사람의 뇌를 양전자 방출 단층 촬영(PET)이나 기능성 자기 공명 영상(MRI)으로 관찰한 결과, 전두엽에서 당 대사와 신소 대사가 증가해 기억력과 사고력 등이 좋아졌다.

웃음: 인디애나주 메모리얼 병원 연구팀은 '15초 동안 크게 웃기만 해도 엔도르핀과 면역 세포가 활성돼 수명이 이틀 연장된다'는 논문을 발표했다. 18년 동안 웃음을 연구한 리버트 박사는 웃는 사람의 혈액을 분석한 결과, 바이러스와 암세포를 공격하는 NK 세포가 활성화돼 있다는 사실을 밝혀냈다. 웃음은 편두통이 심할 때 도움이 된다. 웃음이 혈류량을 증가시켜 산소 공급을 늘려 주고, 웃을 때는 진통제 역할을 하는 엔도르핀, 엔케팔린, 옥시토신 같은 신경 전달 물질이 분비된다. 특히 한바탕 크게 웃고 나면 온몸 근육에서 수축과 이완이 자연스럽게 일어나 체내 대사율이 증가하며, 관절 범위의 유연성이 10% 증가한다.

요가: 근육을 이완시켜 긴장과 두려움을 감소시킨다. 또 경직되고 비뚤어진 관절을 바로잡아 주고 온몸의 근육을 유연하게 해 준다. 요가를 하면 자연스레 명상에 빠져 마음도 안정된다. 요가 동작과 호흡을 통해 스트레스를 견디는 힘과 같은 내면의 근육이 강화되고, 면역력도 올라간다.

목욕: 근육 및 신경 이완에 도움을 주고, 부교감 신경계를 자극한다. 목욕하면서 머리, 목, 어깨, 허리 부위를 부드럽게 마사지하면 근육 긴장이 완화되면서 스트레스 호르몬이 떨어진다.

걷기: 일본의 뇌과학자 오사마 기요시 박사는 '걸을수록 뇌가 젊어진다'는 책에서 걷기는 뇌를 살리는 행복한 건강법이어서

즐겁게 걸으면 몸이 건강해지고 창의력이 쑥쑥 자라난다고 말했다. 음악을 들으며 걷거나 웃으며 걷는 것이 더욱 도움이 된다. 걷기는 건강뿐 아니라 뇌 기능을 향상시킨다. 한 대학 연구소의 연구 결과에 따르면 10-11세 아동이 일주일에 3회 정도 느긋하게 걸으면 학습 능력이나 집중력, 추상적 사고 능력이 15% 향상됐다.

명상: 조용하고 쾌적한 장소에 앉아 편안한 자세로 눈을 감고 배로 천천히 깊게 숨을 쉬는 복식 호흡을 5분 동안 하면 긴장을 푸는 데에 효과적이다. 명상할 때는 한 가지 단어를 생각하거나, 해변 같은 평화로운 광경을 머릿속으로 그린다. 부드러운 음악은 평온한 마음을 만드는 데에 도움이 된다. 심호흡과 함께 점진적으로 근육을 이완하면 효과가 배가 된다.

수다: 친구와 수다를 떨거나 특히 마음에 맞는 친구에게 스트레스받는 일을 얘기하는 것만으로 스트레스를 크게 줄일 수 있다. 진짜 좋은 친구는 함께 있는 것만으로도 사람을 행복하게 한다. 가끔 메신저나 소셜 네트워크로 친구나 가족 외에 직장 상사, 동료, 후배의 안부를 묻는 것도 소통을 원활하게 해 줘 삶에 활력을 준다.

음식: 초콜릿 속 트립토판 성분은 세로토닌이라는 신경 전달 물질로 바뀌는데, 기분을 좋게 하고 황홀감을 증가시킨다. 초콜릿 속 페닐에틸아민 성분은 뇌의 행복 중추를 자극한다. 초콜릿은 여성의 생리통을 완화시키고, 생리 전 불안한 마음을 진정시키는 효과가 있다. 우유 한 잔은 멜라토닌 호르몬을 분비시켜 편

안한 휴식을 돕는다. 허브차는 이완 효과가 있는데, 허브 종류에 따른 약리 작용도 기대할 수 있다. 녹차도 항불안 및 진정 효과가 있다. 채소 수프와 같은 따뜻한 음식은 마음을 이완시킨다. 또 바나나는 기분을 상승시키고 자신감을 높여 준다. 비타민C는 항스트레스 작용을 하며, 비타민B는 우울증 개선에 효과가 있다.

사랑: 사랑을 하면 스트레스 호르몬을 억제하는 성호르몬 분비가 왕성해진다. 도파민이 늘어나면 즐겁고 유쾌해지는데, 사랑에 빠지면 도파민 분비가 늘어난다. 사랑은 표현하는 것만으로도 건강해진다. 보통 사랑을 하면 심장병, 고혈압, 당료병 등에 덜 걸리고 감기나 배탈 같은 가벼운 질병에 대한 저항력이 높은 것으로 알려졌다. 최근에는 가족끼리 매일 '사랑한다'고 이야기하면 암도 예방한다는 연구 결과가 나왔다.

자녀 교육은
어떻게 시켰어요?

누군가 이야기하기를 딸 둘, 아들 하나면 300점이라고 하던데 우리 가정은 딸 둘을 먼저 낳고 막내로, 그것도 둘째와 7년이나 차이가 나는 아들을 가진 가정이다. 지금 생각해 보면 딸 둘로 그만두지 않고 세 번째 아이를 가지고, 아들을 낳게 된 것이 참으로 감사하고도 잘한 일이라는 생각이 든다. 큰딸은 한국에서 초등학교 5학년, 둘째 딸은 초등학교 4학년을 마치고 미국으로 오게 되었다. 한국말은 이미 잘하는 상태로 왔기에 문제가 되지 않았다. 하지만 막내인 아들은 세 살 때 왔기 때문에 한국말을 미처 다 익히지 못해 집에서 한국어 공부를 시켜야만 했다. 두 딸은 미국에 오자마자 6학년과 5학년으로 등록하였다. 처음 3개월 동안은 영어를 따라가는 게 어려웠지만 6개월 지나니 학교에서 학업을 따라가는 게 별 문제 없이 영어로 된 수업을 어느 정도 따라가는 것을 보고는 참으로 감사한 마음이 들었다. 큰딸은 고등학교 때 전교생 450여 명 중 1등으로 졸업하고 하버드 대학에 입학하여 생물학과 우등생으로 졸업하였다. 그리고 의과 대학을 마치고 의학 박사가 되어서 의사가 되었다. 둘째 딸은 고등학교 전교생 600여 명 중 6등으로 졸업한 후 보스턴에 있는, 뉴아이비에 속하는 터프츠 대학에 입학하여 사회학과를 졸업한 후 다시 의과 대학 PA 과정을 마쳤다. 현재는 세계적으로 유명한 암 센터 MD 엔드슨 병원에서 PA로서 근무하고 있다. 막내아들은 고등학교 전교생 750명 중 4등으로 졸업하고는 코넬대학에서 통계학을 전공하여 3학년 여름 방학 때 미국의 유명 회사 JP Morgan에서 10주간 인턴십을 했다. 그리고 대학 졸업 후 곧바로 JP Morgan에 취직이 되어서 대학을 졸업하자마자 일을 시작하게 되었다. 아들은 우선 일을 몇 년 해 보고 공부를 더 할 것인지 결정을 한다고 하여 아들의 의견을 존중하기로 했다.

사람들을 만나면 가끔 어떻게 자녀 교육을 잘 시켰느냐는 질문을 받는다. 하지만 그때마다 나의 대답은 항상 한 가지이다. "모든 게 하나님의 은혜이지요."라고 한다. 그리고는 그저 아이들 마음속에 예수 그리스도의 십자가가 항상 남아 있을 수 있도록 예수님을 향한 믿음을 제대로 가지도록 해 주는 것이다. 그 외의 것들은 하나님께 맡기면 된다. 사실 아이들이 중고등학교를 다닐 때 부모로서 그들에게 해 줄 수 있는 것은 신앙 생활을 제대로 하도록 부모로서 솔선수범하는 모습을 보여 주는 것이 가장 좋은 가르침이라는 생각이 든다. 그리고 자녀들이 믿음으로 하나님께 기도하면서 자신의 앞날을 하나님께 맡기고, 스스로 알아서 열심히 공부하는 습관을 가지는 것이다. 우리 자녀의 진학과 미래에 대해서 너무 고민하고 부모로서 자녀들에게 잘하기 위해 과하게 노력하기보다는 아이들 스스로 공부하는 마음이 들 수 있도록 도와주고, 자녀에게 믿음을 심어 주는 것이 가장 중요하고 가장 필요로 한 것이라고 말하고 싶다. 그것이 자녀에게 주는 최고의 선물이자 최고의 자녀 교육이라고 말하고 싶다.

냉장고 문에 부착해 두고 늘 보면서 자녀들을 키워 온 계명이 담겨 있는, 큐티를 할 수 있는 책 『오늘의 만나』에 게재된 문구들을 소개해 보고자 한다.

자녀 교육의 10가지 계명

하나, 자녀를 깍듯이 예우하라.
아이들을 존중하면, 남들 앞에서도 당당한 자신감이 넘치는 소중한 사람이 된다.

둘, 신앙을 가르쳐라.
썩어지지 않을 영생을 그들의 기업으로 줘라.

셋, 칭찬은 해도 비교하지 말라.
비교받은 칭찬은 자만을 키운다.

넷, 결과에 대한 책임을 지게 하라.
자신이 하는 일 하나하나에 대한 결과가 있음을 상기시키고 그 결과를 수긍할 줄 아는 아이로 키우자.

다섯, 큰일에 실패한 자녀를 격려하라.
온전한 사랑은 두려움을 내어 좇는다. 두려움으로 아무것도 하지 못하는 아이는 만들지 마라.

여섯, 사람이 주는 상을 탐내지 말고 하나님께서 주시는 상을 바라게 하라.
사람의 눈에 들기 위해서 사는 삶이 아니라, 은밀함 중에 보시는 하나님을 바라보는 삶을 가르치자.

일곱, 창조적인 인간관계를 가르쳐라.
사랑, 섬김, 정직으로 관계와 사람을 소중히 할 줄 아는 사람이 되게 키우자.

여덟, 외로움을 극복하도록 가르쳐라.

강한 자는 남보다 앞서 나가게 되어 때로는 외로울 수도 있음을 알려 주자.

아홉, 꿈과 비전을 가지게 하라.

하루에 15분씩 자신이 좋아하는 분야를 더 깊이 공부하여, 그 분야에서는 전문가가 되게 하라.

열, 감사를 가르쳐라.

하루하루를 소중히 하기 위해서는, 일상생활 중 틈틈이 감사하는 습관을 기르게 해야 한다.

세상에서 가장 귀한 선물은 무엇일까?

어릴 때부터 나는 선물을 받는 것을 좋아했다. 특히 초등학교 시절에는 크리스마스가 되면 교회에서 나누어 주는 선물을 기다리면서 교회를 다녔으며, 추석이나 설날에는 새 양말 한 켤레라도 선물을 받게 되는 것에 마음이 설레면서 무언가 물질적으로 받는 것을 좋아했다. 그런 나에게 나의 어머니는 어릴 적부터 주일날 교회를 빠지지 않고 꼭 나가서 예배를 드리는 습관을 심어 주시었다. 나의 마음에 신앙의 깊이가 자라고 믿음이 생기고 나니, 나의 앞길을 하나님께서 인도해 주시었고 믿음의 가정을 이루게 해 주시었다. 그리고 남에게 받기보다는 남에게 무엇인가를 줄 때에 마음이 더 행복함을 느끼게 되었다. 나의 어머니가 나에게 주신 가장 귀한 선물은 바로 믿음의 유산이었다.

부모 된 입장에서 자녀들에게 물려줄 가장 귀한 선물은 믿음의 유산이라고 볼 수 있겠다. 성경에는 "나를 사랑하고 내 계명을 지키는 자에게는 천대까지 은혜를 베푸느니라"(출애굽기 20장 6절)라고 기록되어 있다. 우리가 세상을 살아가면서 하나님을 사랑하고 또 하나님께서 주신 계명들을 지키며 살아갈 때에, 즉 하나님을 경외하는 삶을 살아가고 하나님의 영광을 위한 삶을 살아가는 가정에는 천대까지 하나님께서 은혜를 베풀어 주시겠다고 약속한 그 말씀을 그대로 믿는다. 그러하니 부모가 먼저 그렇게 살고, 자녀들에게도 그러한 믿음을 물려주는 것이 세상에서 가장 귀한 선물이라고 본다. 나도 나의 자녀들에게 세상의 어떤 물질적인 선물보다도 더 값지고 귀한 믿음을 꼭 물려주고 싶다. 세상의 그 어떤 것보다도 예수님만이 나의 구원자이시며 참 기쁨을 주신다는 믿음을 가지고, 하나님을 경외할 수 있는 자녀들이 되기를 간절하게 소망하면서 늘 기도하고 있다. 그리고 나는 어릴 때부터 선물을 받는 것을 좋아하며 자랐지만 내 마음에 믿음이 성장하고 어른이 되고 부모가 되니, 나는 이제 나의 자녀들은 누군가에게 선물을 받는 것보다도 도움을 베풀 때에 더욱 행복한 마음을 가질 수 있기를 바라게 되었다. 어릴 때부터 남에게 베푸는 마음을 심어 줄 수 있기를 소망하면서 시작한 것이 바로 월드 비전 어린이 돕기 지원이었다. 오래 전부터 나와 나의 아내 그리고 자녀들 숫자만큼 월드 비전 어린이 돕기 자녀 한 명씩을 선정하여서 돕고 있다. 결혼한 자녀들이 자녀들을 낳으면 그 아이들이 남을 돕는 것을 알 수 있는 나이대가 올 것이다. 그때에 또다시 한 자녀가 월드 비전 어린이 돕기 자녀를 한 명씩 도울 줄 알게 되기를 바라는 것이다. 이렇듯 지속적으로 그 자녀들이 어릴 때부터 남을 돕는 마음을 가지고 장차 어른이 되어서도 남에게 의지하고 의존하기보다는 남을 돕는 마음을 소유함으로써 마음이 더욱 행복해질 것으로 본다.

나는 자녀들이 어릴 때부터 돈이 생기면 저축하는 습관을 길러 주는 게 아주 중요하다고 생각한다. 그래서 아이들에게 부모의 이름과 자녀 이름으로 함께 저금 통장을 만들어 주고, 용돈이 생기거나 또 친척 집 방문으로 인해 받은 돈들을 자신을 위해서 사용하기보다는 저금 통장에 저금을 하게 했다. 대학 진학을 할 때에는 자녀들이 가진 통장을 자신의 이름으로 된 통장으로 전환시켜서 자신이 모은 돈을 스스로 관리하도록 하고, 돈을 아끼고 절약하는 습관을 길러 주었다.

그리고 자녀들에게 누군가에게 의존하기보다는 스스로 독립심을 가지고 개척해 나가는 정신을 심어 주는 게 아주 필요로 하

크리스천 자녀 교육, 결혼을 어떻게 시켰어요?

다고 본다. 그래서 대학교 다닐 때부터는 자신의 용돈은 자신이 스스로 학교 다니면서 아르바이트를 해 벌어서 자급자족하도록 하였다. 이러한 독립심은 어떤 어려움이 닥쳐도 스스로 파헤쳐 나갈 용기와 힘이 생기어 더욱 강한 자가 된다고 본다.

나는 자녀들에게 물려줄 "세상에서 가장 귀한 선물들"을 말하라고 한다면

첫째: 예수님은 나의 구주이심을 믿고, 하나님을 사랑하고, 경외하는 믿음의 유산을 물려주는 것

둘째: 남에게 받을 욕심보다는 남을 배려하고 돕는 마음을 심어 주는 것 (남을 도울 때 느끼는 행복감)

셋째: 자녀의 마음에 아끼고 절약하는 정신을 심어 주는 것 (돈 많은 것보다 더 중요한 것이 돈 쓰는 법)

넷째: 스스로 세상을 이기고 개척해 나가는 독립심을 길러주는 것 (물고기보다는 물고기를 낚는 법)

다섯째: 엄마, 아빠로서 행복하고 즐거운 삶의 모습을 자녀들에게 보여 주는 것 (부모는 자녀의 롤 모델)

이라고 말하고 싶다. 이 다섯 가지를 함께하는 자녀들은 예수 그리스도가 우리의 삶에 가장 소중하다는 믿음으로, 하나님을 사랑하고 경외하는 삶으로 살아가며, 항상 남을 배려하고 돕는 마음으로 살아가면서, 아끼고 절약하는 삶으로, 스스로 세상을 개척해 나가므로 힘들고 어려운 세상에서도 어떠한 비바람과 파도가 휘몰아쳐도 하나님께서 주신 그 소중한 믿음으로 잘 극복하면서 예수님께서 주시는 참 행복을 누리는 삶을 살아갈 수 있

을 것으로 본다.

큰딸이 결혼이
빨리 하고 싶대요

　나는 어릴 때부터 지금 나의 아내와 결혼하겠다는 마음을 가지고 있었는데, 큰딸도 엄마 아빠를 닮아서인지 결혼을 빨리 하고 싶다고 대학을 졸업하자자마 사람을 구해 달라고 조르기 시작했다. 그런데 아직 의과 대학 의사 과정이 길고도 먼 과정인데 학생 신분으로 있으면서도 결혼은 빨리 하고 싶단다. 나와 아내는 만 26세에 결혼을 했는데 큰딸은 만 24세에 사람을 찾기 시작하여 결국 25세에 결혼을 하게 되었다. 크리스천 웹사이트를 통하여 사람을 찾아서 몇 번 만나더니 결혼하면 좋을지 허락을 받기 위해서 집으로 데리고 온 것이다. 나는 나름대로 자녀들에게 항상 결혼 대상자의 조건을 이야기하였고 또 늘 그렇게 기도를 해 왔다. 왜냐하면 미리 아이들에게 잘 이야기하여 그런 조건의 상대자를 찾아야지 너무 터무니없는 대상자가 되면 평생 상호 간에 힘들 것이란 생각으로 아이들이 꼭 기억하도록 몇 번이나 되새겨 주었더랬다. 그 조건은, 첫째는 하나님을 잘 믿는 믿음이 좋은 청년, 둘째는 서로 잘 이해하고 마음이 잘 맞아서 서로 사랑해 줄 수 있는 청년, 셋째는 미국에서 결혼하지만 외국인이 아닌 한국인 청년, 넷째는 믿음이 좋은 가정. 이 네 가지를 갖춘 청년을 배우자로 맞이하면 좋겠다고 늘 생각하고 기도했다. 왜냐하면 종교가 같아야 가정이 평안하고 향후 자녀를 놓고 키워도 올바른 교육이 될 수 있다고 보았으며, 또한 두 사람이 서로 마음이 잘 맞고 서로 잘 이해해 주는 부부가 되어야 장기적으로 기둥이 든든한 가정이 될 수 있다고 생각했기 때문이다. 그리고 자라 온 문화와 각 가정의 풍습을 서로 잘 이해하고 배려하려면 가능한 한 한국에서 자라 미국으로 온, 즉 큰딸과 비슷한 환경의 청년이면 좋겠다고 생각했다. 믿음의 가정이란 부모가 교회에서 많이 봉사하고 오랫동안 하나님의 일을 많이 한 가정의 자녀라면 서로가 자라 온 종교적인 배경 문화가 거의 유사하므로 좋겠다고 생각했던 것이다. 큰딸이 데리고 온 청년은 평소 내가 생각했던 네 가지가 다 잘 맞아 든 것 같아서 흔쾌히 승낙을 해 주었다. 4월에 날짜를 잡으려고 한국의 어머님, 형님, 누님들께 전화를 했더니 형님의 큰딸, 즉 시온이의 사촌이 결혼을 4월에 하기로 되어 있었기 때문에 날짜를 좀 뒤로 미루는 게 좋겠다고 하셨다. 그래서 나는 경사스러운 일을 두고 가정에 화평과 은혜스럽게 하는 게 좋겠다는 마음으로 2013년 5월 24일 오후 5시로 날짜를 정하게 되었다. 날짜를 정했지만 아직 양쪽 부모들 상호 인사를 하지 않은 상태인지라 3월 봄 방학 때 우리 가족이 함께 콜로라도 스프링스를 방문하게 되었다. 그 청년도 좋았지만 부모님들도 참 좋은 분들이었다. 아버지는 교회 장로님을 오랫동안 하신 분이었으며, 어머니도 교회의 권사로서 오랫동안 교회에서 봉사를 많이 하신 분이었다. 나는 하나님께 감사한 마음이 가득하게 들었다. 지금까지 기도하던 대로, 아니, 그 이상으로 주신 하나님께 너무나도 고맙고 감사한 마음이 들었다. 참 좋으신 하나님이시고 항상 좋은 것으로 예비하시고 사랑하는 자녀들을 위해서 제일 좋은 것으로 주시는 하나님이심을 다시 한 번 느끼게 되었다. 콜로라도에서 2박 3일 지내는 동안 미국 공군 사관 학교를 방문하여 여러 곳들을 둘러보았다. 사관 학교 학생들이라서 그런지 모두가 체격도 좋고 인물도 참 좋아 보였다. 걸어가는 모습만 바라보아도 그 모습에서 장차 군인이 되어 하늘을 날아다닐 위엄이 눈에 훤하였다. 우리는 공군 사관 학교 안의 교회 건물이 세계적으로 유명한 디자인이란 이야기를 듣고는 그 앞에 가서 사진도 찍고 실내도 구경을 했다. 건물 밖으로 나와서 웅장한 교회 모습을 물끄러미 바라보고 있는데, 갑자기 사윗감인 큰딸의 남자 친구가 나에게 사진기를 전해 주면서 머뭇머뭇하다니 사진 한 장을 찍어 달라고 하였다. 그리고는 주머니에서 무엇인가를 꺼내더니 시온이 앞으로 다가가서 한쪽 무릎을 꿇고는 반지를 주면서 청혼을 하는 것이 아닌가. 나는 순간적으로 사진을 많이 찍어야 하겠다 싶어서 여러 장을 순간순간 포착하여 찍으면서 무척 기쁜 마음을 느꼈다. 청혼을 부모가 바라보는 자리에서 그리고 웅장한 교회 앞에서 하는 그 모습에 나는 잘한다 잘한다 하며 두 사람을 격려해 주었다. 딸의 성화에 못 이겨 일찍 결혼식을 올려 주기로 마음먹고 결혼식 준비를 하는데, 모든 과정이 일사천리로 잘 진행되어 갔다. 너무 순조롭게 가서 오히려 뭔가 잘못된 것이 없는가 하고는 다시 뒤돌아보면서 하나씩 챙겨 나갔지만, 모든 것이 하나님의 은혜로 결혼식을 무사히 잘 마치게 되었다. 내가 결혼한 지 딱 26년 만에 나의 딸을 결혼시켜서 새로운 가정을 탄생하게 만든 이날은 너무나도 감격스러웠고, 감동 그 자체였다. 딸 결혼하는데 내가 왜 그렇게 좋은지 모르겠다. 사람들은 섭섭하지 않느냐는 질문을 하는데 나는 오히려 아들 같은 사위를 가족으로 맞이하게 되어서 더욱 기쁘고 즐거웠다. 결혼식을 한 날에는 처음부터 끝까지 나의 얼굴에 미소가 사라지지 않았던 것 같다. 하나님, 감사합니다. 이 모든 것 하나님께 영광 올려 드립니다.

둘째 딸의
결혼 이야기

큰딸이 결혼한 지 2년 만에 둘째 딸이 결혼을 하겠다고 했다. 같은 교회 언니가 소개해 준 남자 친구를 6개월 정도 만나 보고는 서로가 마음이 든다고 인사하러 집으로 데리고 왔다. 큰딸과 마찬가지로 나는 네 가지 조건을 다시 확인해 보았다. 너무나 중요한 사항이라 다시 한 번 점검해 보고 가고자 한다. 내가 주장하는 나의 자녀들의 결혼을 위한 네 가지 필수 조건은 다음과 같다.

첫째: 딸이 크리스천이므로 신랑감도 크리스천.

둘째: 두 사람이 마음이 잘 맞아서 서로 사랑하는 사이.

셋째: 한국인 청년.

넷째: 믿음 생활 잘하는 가정.

세상 그 어떤 재산, 학력, 명예보다도 우선 이 네 가지 조건을 필수 조건으로 자녀들에게 계속 주입시키며 말해 왔고 또 그렇게 기도를 해 왔다. 왜냐하면 우리 가정이 믿음의 가정이고 딸 역시 믿음 생활을 잘하고 있으니 가능한 같은 종교를 가진 두 가정이 사돈을 맺는 게 두 자녀가 한 가정을 이루어서 살아갈 때에도 종교적인 이념으로 인한 갈등은 없앨 수 있을 것이기 때문이다. 또한 무엇보다도 하나님을 경외하고 하나님 영광을 드높이는 가정이 되어서 자손 대대로 하나님 축복을 누릴 수 있는 가정이 되기를 원하고 늘 기도해 왔기 때문에 당연한 조건이라고 본다. 또 낯선 타국 땅에 와서 같은 부류의 사람들끼리 결혼을 하는 게 앞으로 자녀의 2세를 위해서도 그리고 두 사람이 살아가는 데에 있어 문화적 동질감으로 좀 더 상호 이해 하는 생활이 되어서 결혼 생활이 더욱 무난할 것으로 본다. 또 서로 사랑하는 마음이 먼저이지 얼굴이나 미모를 너무 따지지 않는 게 좋겠다고 나는 생각했다. 사람은 외모보다는 속마음이 훨씬 더 중요한 요소이며 그것은 곧 행복한 가정의 필수 요건이라고 나는 말하고 싶다. 둘째 딸이 집으로 데리고 온 청년의 조건이 상기 네 가지 필수 조건을 다 만족시키는 것으로 판단이 되어서 결혼을 하도록 허락을 해 주었다. 청년의 아버지는 목사님이시고 또 대

크리스천 자녀 교육, 결혼을 어떻게 시켰어요?

대로 믿음이 아주 좋은 가정이었으며 청년의 신앙과 인성이 아주 좋았다. 그래서 허락을 하고는 양쪽 부모가 상견례를 하기 위해 휴스턴에서 만나서 식사를 한 후 집으로 가서 할아버지도 만나 뵈었다. 할머니는 계시지 않고 할아버지만 계셨지만 건강하시고 또 웃으시는 모습이 참으로 인자하시다는 느낌을 받았다. 둘째 딸은 청혼을 받을 때 반지를 오렌지 속에 넣어서 받았다고 좋아하였다. 두 사람이 먹는 음식과 또 건강을 위한 운동이나 여행 등등 살아가는 스타일이 아주 비슷하여서 서로가 잘 살 것 같아 마음이 놓였다. 결혼식을 우리 가정이 있는 맥알렌에서 하기로 하여 장소를 예약하고 한참 준비 중에 신랑 측 부모님으로부터 전화가 왔다. 장소를 휴스턴으로 좀 옮겨서 했으면 하였다. 신랑 측 할아버지, 외할아버지, 외할머니가 연세가 많아서 결혼식 참석은 하고 싶은데 멀어서 힘들다고 하시었기 때문이다. 그래서 나는 아내와 잘 의논해서 이미 예약으로 비용이 좀 나간 것이 있음에도 그분들의 의견을 존중해 그렇게 하기로 하였다. 결혼식 날짜를 2015년 7월 4일 토요일, 미국 독립 기념일로 잡았다. 그래서 결혼식 날 밤에는 미국 전역에서 폭죽이 하늘을 수놓으며 둘째 딸 결혼식을 축하해 주는 것 같아 아주 기분이 좋았다. 휴스턴의 큰 교회에서 결혼식을 하고 바로 옆에 위치한 호텔에서 피로연을 하므로 결혼식을 편리하고 은혜스럽게 잘하였다. 모든 게 하나님의 크신 은혜라는 생각이 들며 참으로, 감사한 마음이 들었다.

할아버지가 되었어요

2015년 8월 17일, 나의 한국 나이 55세에 첫 외손녀가 탄생하였다. 결혼한 지 1년이 넘어도 손주가 없어서 걱정하며 많은 기도를 하였는데, 드디어 하나님께서 큰딸의 가정에 새로운 생명을 주시었다. 비록 큰딸이 아직 의과 대학 학생으로 인턴 과정에 있고 사위도 치과 의사를 하다가 다시 UCLA에서 2년간 방사성 전문 과정을 공부하고 있는 학생인 상태에서 손녀가 태어나서 경제적인 부담은 되겠지만, 그래도 가정을 이루었으면 자녀가 있어야 더욱 화목하고 더욱 행복한 가정이 될 것이라는 생각이 들어서 무척 기쁘고 감사한 마음이 들었다. 다행스럽게 사위가 9월부터 치과 대학의 교수로 채용이 되어서 경제적인 부분도 해결이 되어서 더욱 감사한 일이었다. 큰딸이 첫아이를 낳고 다시 학교에 복학하여 1년간 인턴 과정을 마치고 졸업을 하게 되었다. 다시 병원에서 레지던트 과정 3년을 수료해야만 정식 의사가 되는데, 그 레지던트 과정에 들어가기 전에 둘째 손주를 또 낳았다. 약 18개월 차이가 나는 연년생으로 둘째까지 낳게 된 것이다. 첫째를 낳았을 때도 아내가 딸의 집으로 가서 산후조리를 도왔는데, 둘째 때도 약 6주 정도 딸의 집에 가서 도왔다. 집사람이 가고 혼자 있는 생활을 2년간 두 번을 해 보면서 느낀 점은, 나이가 들면서 옆에서 함께 대화를 할 사람이 있고 늘 곁에 함께함의 소중함을 절실하게 느꼈다. 혼자 생활하면서 제일 불편한 것은 식사 준비나 빨래 같은 것보다도 그저 옆에서 함께 이야기를 들어 주고 함께 대화할 상대가 없다는 것이었고, 두 번째로는 아내가 옆에 누워 있으면 잠이 쉽게 잘 오는데 혼자 잘 때는 뒤척이다가 가끔 약을 먹고 잠을 청하는 경우가 많았던 것이 불편하였다. 그래서 하나님께서 천지 창조를 하시어 먼저 남자를 만드시고 혼자 지내는 것이 외롭게 보이니 또 여자를 만들어 남녀 두 사람이 한 가정을 이루어 살아가도록 하신 것이다. 손주 둘이 되고 손주들을 보면서 할아버지가 된 기분을 말하자면 그야말로 참으로 기쁘고 감사한 마음이 가득하다고 말하고 싶다. 요즘은 문명이 아주 발달이 되어서 손주들과 멀리 떨어져 있어도 거의 매일 저녁 스마트 폰으로 화상 통화를 하면서 손주들을 볼 수 있어 서로 좋은 시대에 태어난 것이 행복하다는 생각이 든다. 큰 손주와는 의사소통이 좀 되어서 윙크도 하고 사랑해라고 두 손을 머리 위에 올려 표현도 하고, 화상으로 뽀뽀도 하고 마지막에는 바이바이 하고 손을 흔들면서 통화를 마무리하는 게, 할머니, 할아버지가 된 우리 부부의 일상생활 중 그 순간이 아주 즐겁고 행복한 시간이란 생각이 든다.

아들도 결혼을 일찍 하겠답니다

아들이 대학교 3학년 여름 방학 때 10주 간의 인턴십을 델라웨어 JP Morgan에서 하게 되었다. 그때 나와 아내는 그곳을 찾아서 10주 동안 머물 집에 여러 가지 필요로 한 것을 준비해 주고는 주위에 한인 교회를 찾아서 아들이 다니기에 가장 좋을 것 같은 교회를 작은딸과 함께 찾아 그 교회의 청년부 담당 목사님과 담임 목사님에게 아들을 잘 부탁한다며 인사를 하였다. 그때 나의 마음속에서 느낌이 왔다. 아들이 10주 동안 이곳에 머무르고 교회에 출석하면서 좋은 사람을 만날 수 있었으면 하는 바람을 가지게 된 것이다. 그리하여 10주 동안 타지에서 시간을 보내는 게 지루하지 않고 또 믿음이 좋은 여자 친구를 만나 장래까지 생각하며 사귈 수 있는 기회가 왔으면 좋겠다는 마음이 들었다. 그러나 아들에게는 한마디도 하지 않은 채 그저 교회에 빠지지 않고 신앙생활을 잘하라고 당부를 하였다. 그 결과, 아들은 10주 내내 매 주일마다 교회 출석을 잘하였고, 가끔 데리러 올 사람이 없는 경우에는 우버 택시를 불러 빠지지 않고 30분 거리에 있는 교회를 잘 다녀오니 참으로 감사한 일이었다.

그렇게 매주 교회를 다니는 가운데 아들의 눈에 들어온 여자 청년이 있었다고 한다. 그녀는 주일 학교 교사였는데, 마음이 예쁘고 믿음이 좋다고 하였다. 아들이 그 청년에게 같이 사귀어 보자고 했다가 기도해 볼 테니 기다리라고 하여 기다리다가, 재차 이야기를 한 결과 승낙을 받아 내고 함께 사귀는 친구가 되었다. 평소에 내가 아들에게 강조를 했던 네 가지의 조건들과 거의 잘 맞는 사람이라는 느낌이 왔으나, 우선은 아들이 인사시켜 줄 때까지 기다렸다. 대학 3학년 때부터 사귄 두 사람은 그다음 해 겨

크리스천 자녀 교육, 결혼을 어떻게 시켰어요?

울 크리스마스, 큰딸 집에서 가족 전체가 모일 때 함께 와 인사를 나누었다. 그렇게 며칠 동안 함께 지내며 지켜본 결과, 마음씨가 착하고 믿음 생활을 잘하고, 가족들 역시 신앙생활을 하니 아들에게 적합한 사람인 것 같아 며느리로 합격이라는 생각이 들었다. 별 탈 없이 잘 사귀어 오던 둘은 나란히 졸업을 하고 취직을 하게 되었다. 그래서 나는 둘 다 직장을 얻었으니 마음의 준비가 되면 언제든지 결혼을 해도 된다고 이야기를 해 주었다. 직장 생활 1년이 된 시점, 드디어 결혼할 날짜를 잡고는 둘이서 결혼 준비를 하기 시작했다. 두 명의 딸들은 직장에 다니기 전 대학원생일 때 이미 결혼을 하여서 부모로써 많은 준비를 해야 했지만, 아들은 직장 생활을 시작한 지 1년 후에 하는 결혼식이라 둘이서 알아서 준비를 하기 시작했다. 나와 아내는 비행기표를 미리 끊어 놓고 결혼식 날짜만 기다리면 되었다. 또한 두 딸들이 아들의 결혼식과 신혼여행에 관한 것들을 물심양면으로 많이 도와주고 있어서 참으로 마음이 흐뭇하였다.

아들은 2019년 8월 24일 토요일 오후 5시 30분에 델라웨어 현대식 박물관에서 결혼식을 하는 것으로 2019년 3월에 미리 날짜를 정해 두고서 준비를 하기 시작했다. 그러나 내가 사는 집에서는 비행기를 두 번 타고 가야 하는 먼 거리라서 미리 가 보지도 못하고, 모든 준비를 도맡은 아들과 예비 며느리에게 매주 통화를 걸어 이것저것 질문만 하게 되었다. 다행스럽게도 아들과 예비 며느리가 여러 가지를 철저하게 잘 준비를 해 가고 있었으며, 초대 인원을 120명으로 잡고서 식사 준비, 주례 보실 목사님, 친구들, 들러리 멤버 등 철저히 잘 준비하고 있어 마음이 놓였다. 또한 비행기표를 예약한 후 딸들이 주택을 미리 대관하여 온 가족이 3박 4일 동안 머무를 수 있는 공간이 마련되었다.

3박 4일 동안 델라웨어에서 딸 둘을 비롯한 가족들과 아들이 함께 지내기 때문에 아내는 갈비와 불고기 등 여러 가지 반찬들을 집에서 미리 준비하여 냉동을 해 두었다가, 비행기 타고 갈 때 짐 편으로 보내 그곳에 있는 동안 함께 식사를 하면서 재미있게 지낼 수 있어서 참 좋았다. 특히 두 외손녀들이 이제 각각 4살, 2살인지라 너무 귀여웠고, 할머니와 할아버지를 잘 따르고 좋아해서 함께 지내는 것 자체가 너무나 행복한 시간들이었다. 미국의 결혼식에는 피로연을 할 때에 신부는 아버지와, 신랑은 어머니와 함께 춤을 추는 시간이 마련돼 있다. 아들이 처음에는 엄마와 춤추는 것이 부끄럽다고 안 하려 하더니, 나중에는 이것이 일반적인 절차라는 걸 알게 되어 아들과 아내는 결혼식에서 춤을 추게 되었다.

결혼식 이틀 전에는 아들과 며느리가 미리 얻어 둔 신혼집에서 며느리의 어머님이 식사를 준비해 주시어 온 가족이 함께 먹게 되었다. 진한 곰탕과 여러 가지 반찬들을 많이 준비해 주시어 맛있게 잘 먹었는데, 무엇보다도 곰탕 맛이 너무 인상적으로 좋았다. 그리고 결혼식 하루 전날 저녁에는 우리 가족들이 머물고 있는 주택에서 딸들이 만든 요리와 택사스에서 가지고 온 소고기를 구워서 함께 먹었다. 택사스 초원에서 자란 소의 소고기는 그야말로 부드럽고 구수하게 맛이 있어서 인기가 참 좋았다.

크리스천 자녀 교육, 결혼을 어떻게 시켰어요?

그렇게 신랑, 신부의 가족들이 함께 미리 저녁 식사를 하고는 다음날 2019년 8월 24일 토요일 5시 30분에 드디어 아들의 결혼식이 시작되었다. 아들의 결혼식의 주례는 영어권 목사님이 하시었고 기도와 축도 등 모든 순서에 네 분의 목사님들께서 수고를 해 주시었다. 참으로 감사하고 감사한 일이었다. 또한 신랑, 신부의 들러리는 각자 5명에서 하였고 꽃바구니는 우리들의 외손녀 둘이서 해 주어서 결혼식 그 자체가 감동이요 은혜였다고 말하고 싶다. 결혼식이 끝난 후 피로연 때는 저녁 식사와 함께 여러 가지 순서에 맞추어서 한 시간 반 동안 흥미롭고 즐겁게 잘 진행이 되었다. 신부와 신부 아버지와의 춤 그리고 신랑인 아들과 신랑의 어머니인 나의 아내와의 춤도 즐겁게 신나게 잘 마무리가 되었다. 결혼식과 피로연까지 약 3시간의 프로그램이 아주 순조롭게 잘 끝나고, 우리는 숙소로 돌아와서 잠을 자고는 그다음 날 이르게 아들은 화와이로 신혼여행을, 우리는 집으로 오는 비행기에 몸을 실었다. 한국 나이로 59세인 금년에는 막내아들을 결혼시킴으로써 자녀 셋 모두 출가시켰고, 양가의 부모님도 3년 전과 1년 전에 모두 천국으로 가시어 이제 아내와 나의 인생사에 책임감을 가지고서 치러야 할 큰일들은 모두 마무리가 되었다는 생각을 하니 한결 마음이 가벼워졌다.

3부

사업과 선교 그리고
삶의 이야기

절묘한 하나님의 타이밍

나는 한국에서 미국으로 오게 된 과정과 미국에서 생활하는 삶 속에서 수많은 일들이 하나님의 섭리하심으로 하나님께서 나와 나의 가족을 위해 놀라운 계획들을 가지고 계심을 발견한다. 항상 놀랍고 감사한 마음으로 살아가고 있다. 내가 미국으로 오게 된 것도 하나님의 철저한 계획이었음을 느끼고 있다. 내가 중학교에 다닐 때 나의 큰누나는 서울대 대학원을 나와서 계속 공부 중인 지금의 자형과 결혼을 하게 되었다. 그리고는 국비 장학생으로서 미국 알라바마 주립대학 경영학을 전공하고 박사 과정을 거쳐 약 5년간 미국 생활을 하고 있었다. 그때 나는 어머니와 함께 미국에 있는 누나의 가족에게 고춧가루를 보내면서 편지를 자주 쓰기도 했다. 나도 언젠가 미국에 가서 공부해 봤으면 하는 생각을 자주 하고, 마음으로 늘 동경심을 가지고 있었다. 결국 나는 대학원까지 한국에서 다니고 취직을 하게 되면서 미국에 가서 공부하는 기회를 놓치는 건가 했는데, 그래도 내심 속으로 언젠가 한 번은 꼭 가 보고 싶었다 내가 대기업 직원으로 회사를 다니고 있을 때, 원래 본래 미국으로 파견을 가기로 되어 있었던 직원이 나보다 1년 먼저 미국으로 넘어가 파견 근무를 하고 있었다. 그런데 어느 날 갑자기 그 직원이 한국으로 다시 들어와 내게도 파견 근무를 갈 수 있는 기회가 찾아왔던 것이다. 나는 1년간 파견 근무를 하기 위해 미국행 비행기를 타야 했다. 대구에서 서울 그리고 미국 텍사스, 달라스, 다시 텍사스의 최남단인 맥알렌까지 비행기를 세 번 갈아타고 24시간 만에 드디어 미국 땅에 착륙했다. 비행기에서 아래를 내려다보니 산도 하나 없이 넓고도 넓은 땅만 끝이 보이지 않을 정도로, 저 멀리 지평선까지 보이는 모습을 보고는 '미국 땅이 정말 하나님의 축복을 많이 받은 땅이구나. 이 미국 땅에서 나도 한 번 살아 보고 싶구나.' 하는 마음이 뭉클하게 들었다.

그렇게 나 혼자 이곳 미국 땅으로 와서 매주 주중 멕시코에 있는 회사로 출근을 하고 주말이 되면 토요일마다 함께 파견 나온 직원들과 운동을 했다. 주일에는 교회에 가서 예배를 드리고 이렇게 한 주씩 보내다 보니 벌써 몇 개월이 지나면서 나는 온 가족이 이곳 미국으로 올 수 있도록 기도하기 시작했다. 하나님께서 우리 가족의 기도를 들어주시어 온 가족이 미국으로 오게 되었을 때, 나의 큰딸은 5학년, 둘째 딸은 4학년을 마쳤고 막내아들은 세 살 때였다. 딸 둘은 한국말을 완전히 익힌 상태로 미국으로 와 영어를 하니 타이밍이 아주 좋았다. 그러나 막내는 세 살이라 집에서 한국말을 계속 사용하니 금세 한국말도 잘하고, 영어는 더욱 잘하니 이 또한 멋진 타이밍이었다. 만약 조금만 더 늦게 왔더라면 딸들이 이곳에 적응하기 더욱 힘들었을 텐데, 적절한 시점에 오게 되어 적응 기간은 총 6개월 정도 걸렸다. 우리 가족이 미국으로 오게 된 것은 전적으로 하나님의 섭리에 의해, 하나님의 계획에 의해서 온 것으로 본다. 미국에 온 지 1년 정도 지난 시점에 문득 미국에서 계속 거주하게 될지도 모른다는 생각이 들어 가족 전체가 영주권 신청을 하였다. 그리고 주재원의 근무 기간인 5년을 채우고 다시 한국으로 돌아가야 할 시점이 다가온 2005년 봄. 그 시점을 앞두고 2004년 12월 30일 자로 영주권이 나오게 되었다. 2005년도에 한국으로 돌아가지 않아도 미국에 계속 체류할 수 있는 여건이 된 것이다. 만약에 영주권이 나오지 않았더라면 미국에 체류하고 싶어도 가족들이 있을 수 없었을 텐데 아주 퍼펙트한 하나님의 타이밍에 의하여 우리 가족은 미국에 체류할 수 있게 되었다. 우리 하나님의 세밀하시고 정확한 계획을 다시 한 번 느끼며 감사한 마음 가득하다. 하나님은 우리들을 사랑하시고 항상 좋은 것으로 준비를 해 두셨지만 우리 인간이 그 심오한 하나님의 계획과 세밀하심을 미처 보지 못하고 깨닫지 못하므로 늘 마음이 조급해지고 불안한 마음을 가지고서 기도를 하는 게 아닌가 싶다. 그러나 분명한 것은 하나님은 완전하시고 전지전능하신 분이므로 우리의 모든 삶을 전적으로 주님께 맡길 때 나의 마음은 화평한 상태가 되고 모든 근심, 걱정거리가 날아가 버리게 되는 것이다. 우리의 모든 생각과 계획을 하나님의 계획과 생각에 맞추고 하나님의 타이밍에 맡기는 삶이 될 때에 마음에 평안함을 느끼는 삶이 될 것이다.

사업 아이템의
선정 과정

내가 다니던 회사를 2005년 5월 30일에 그만 두고 미국 텍사스 남부 멕시코 국경 지역인 미션시에서 나의 가족들을 위해 그리고 나의 새로운 꿈을 위해서 내가 할 수 있는 일이 무엇이 있을까 하고 찾아보기 시작했다. 내가 대기업 취직을 했을 때에는 이 회사에서 끝까지 임원을 달고 정년 퇴직이라는 목표를 이루어 은퇴하겠다는 생각이 있었다. 그러나 회사를 그만둠으로써 그 꿈은 사라지고 새로운 꿈과 비전이 나의 앞으로 다가온 것이다. '사십 대 중반에 내가 할 수 있는 일이 무엇일까.' 생각하고 나는 하나님께 기도하면서 아이템을 찾기 시작했다. 나는 사업이 가능한 아이템 종류들을 먼저 찾기 시작했다. 주변의 한인들이 하는 아이템들, 그리고 내가 다니던 회사에 공급 가능성이 있는 아이템들, 마지막으로 미국의 한인 신문 광고란에 게재된 아이템들 중에서 가능성이 있는 것을 다 적어 보니 약 30여 개 정도가 되었다. 그리고 그 아이템들을 대상으로 차례대로 번호를 매기어 1번부터 30번까지 나열하였다. 나는 크리스천으로서 무엇보다도 주일 성수가 가능한지를 따져 보고 또 교회에 다니는 신앙인으로서 사회적, 도덕적으로 문제가 있는 아이템은 아닌지를 따져 보고는 30여 개에서 20개 정도의 아이템으로 일차적으로 줄였다. 예를 들어 주일날 무조건 문을 열어야 하는 아이템들은 제외시키고 또 교인으로서 그 사업을 했을 때

사회인으로부터 지탄의 대상이 될 만한 아이템들 역시 다 제외시켰다. 나는 내가 회사에 다니면서 공부했던 6 시그마와 블랙벨트 자격을 획득하여 혁신팀을 이끌었던 경험을 살려서 이 20개의 아이템들을 다시금 분석하기 시작했다. 6 시그마는 1990년대와 2000년대 동안 많은 인기를 얻은 기업 내 혁신을 위한 방법이다. 다른 품질 경영 관리 기법인 종합 품질 관리(Total Quality Management)의 경우에는 생산 품질 자체에 집중하지만 6 시그마는 회사의 모든 부서의 업무에 적용할 수 있으며, 각자의 상황에 알맞은, 고유한 방법론을 개발하고 적용하여 정량적 기법과 통계학적 기법으로 향상시킬 수 있다. 그래서 나는 이 기법을 응용하여 사업 아이템 선별 작업을 하기 시작했다. 6 시그마의 품질 관리에서 불량 인자를 추출해 내는 데에 주로 사용하는 X-Y 매트릭스 기법을 사업 아이템을 선정하는 방법에 적용하여 분석하기 시작했다. 세로 Y 축에는 아이템 종류들을, 가로 X 축에는 여러 가지 인자들을 나열하였다. 즉 X 축의 인자로는 '주일 성수는 가능한 아이템인가? 신앙생활에 불편함이 없는 직종인가? 내가 잘할 수 있는 직종인가? 내가 좋아하는 직종인가? 장래 비전이 있는 직종인가? 내가 가지고 있는 자금으로 창업이 가능한가? 리스크의 확률은 얼마나 있는 직종인가? 시간 활용도가 좋은 직종인가? 나의 형편과 잘 맞는 직종인가? 혼자서도 종업원을 고용하여 할 수 있는 직종인가?'

이러한 인자들에 점수 비중을 부여하고는 Y 축의 각 아이템마다 신중하게 생각하면서 X 축의 인자들마다 점수를 매겨 합산을 했다. 그러한 방법을 통해 최고 점수를 얻어 TOP 5 안에 든 다섯 개의 아이템들을 1차 사업 아이템으로 선정하였다. 그리고 다섯 개의 아이템들을 가지고 주변에서 사업을 하고 있는 사업장을 직접 방문하기도 하고 또 주위에 몇 개나 있는지 사전 답사 작업을 했다. 그래서 앞으로 내가 이 다섯 가지 중에 하나를 한다면 경쟁자는 얼마나 있고 또 장래에 얼마나 확장해 나갈 수 있는지를 점검한 후, 1차 X-Y 매트릭스 기법 적용에서 10개의 인자에다가 '주변에 경쟁 사업장은 얼마나 많은가? 장기적으로 사업장의 추가가 용이한가?' 등을 추가해서 X 인자를 12개로 해서 점수를 매기고 다섯 개의 아이템에서 TOP 3, 즉 세 개의 아이템으로 줄였다.

세 개의 아이템으로 줄인 후에는 이제 미국 내에서 같은 직종을 가지고 있는 사업장 주인들을 만나 보고, 직접 비행기를 타고 그 사업장을 찾아가 보기도 하며 상담을 통해 내가 사업을 처음 시작할 때에 도움을 줄 수 있는 사람들을 찾기 시작했다. 인도 사람, 한국 사람, 미국 사람 등등 골고루 만나 보았지만 언어적인 측면이나 또 문화적인 측면으로 보았을 때 아무래도 한국 사람에게 도움을 받는 게 가장 쉬울 것으로 판단이 되었다. 그래서 나는 한 한국인에게 자신이 하고 있는 사업을 내가 살고 있는 이곳에서 나와 함께 사업을 할 수 있도록 셋 업을 해 주고, 나는 프랜차이즈 사업을 할 때에 내는 비용의 절반을 주기로 했다. 휴대폰으로 동업을 하기로 마음을 먹었다. 비로소 사업 계획서를 작성하고 사업성 분석에 들어갔다. 휴대폰 대리점을 오픈하기 전에 가게 위치를 선정하기 위해서 차량 통행수를 조사하고 주변의 거주 가구 수, 중고등학교가 인접한지 등등 다방면으로 점검했다. 그 결과, 교통 신호등이 있는 네 거리의 한 코너가 가장 적합해 보였다. 한국인 휴대폰 사업장과 함께 딜러 신청, 각종 매장 내의 필요한 가구 준비, 휴대폰과 액세서리 구입처 등등 사업에 있어서 전반적인 것들을 컨설턴트를 받아 2개월 만에 나의 사업장을 오픈하게 되었다. 교회 목사님과 많은 교인들이 함께 오시어 영업 시작을 하기 전에 제일 먼저 개업 예배를 드렸다. 2005년 7월 13일 오전 9시, 드디어 나의 사업장 오픈을 하게 되었다. 나는 직원 3명과 함께 개업 축하 케익을 자르고 교인들과 직원 가족들과 함께 나누어 먹으면서 이런 저런 많은 덕담을 나누고 기분 좋게 나의 새로운 꿈과 비전을 향해 머나먼 항해를 하기 위해서 서서히 노를 저어 앞으로 나아가기 시작했다.

사업의 미션

개인 사업을 시작하기 전에 회사 이름을 지어야 하고, 회사의 비전과 미션을 정하여 비록 시작은 작은 규모의 사업이더라도 장래에 가고자 하는 방향을 확실히 하고 싶었다.

그래서 먼저 회사의 이름을 짓기 위해 개인적으로 생각도 많이 하고 기도도 하면서 찾아보았으나, 혼자서 하기보다는 가족들과 함께 의논하여 이름을 짓는 게 더 나을 것 같다는 생각이 들었다. 아내와 세 자녀, 다섯 명이 모여 앉아서 여러 가지 이름을 내어놓고 하나씩 줄여 가면서 이름을 정하기 시작했다. 무엇보다도 회사의 궁극적인 목적은 이 회사를 통하여 하나님의 영광을 높이는 데에 두었다. 취지에 맞춰 '하나님께 영광'이라는 말을 영문으로 표현을 해 보니 '글로리 투 갓(Glory to God)'이라는 문장이 나왔다. 영어로 그 약자를 따 보니 'G2G'가 되었고, 본디 휴대폰과 관련된 사업이니 와이어리스(Wireless)를 뒤에 붙여서 'G2G WIRELESS'란 회사 이름을 탄생시켰다.

그리고 G2G의 미션을 정하여 종업원들에게 교육을 시키고, G2G의 분명한 목적과 방향을 공유를 하고 신규 사원이 채용이 되면 제일 먼저 G2G 미션에 대한 설명으로부터 교육이 시작되었다.

'4G & E'로 구성된 G2G 미션에 대해서 잠시 설명을 하고자 한다. 4G는 G로 시작하는 네 가지로써, 'Glory to God'는 이 사업을 통하여 하나님께 영광을 드높이는 사업장으로서, 하나님 나라의 확장을 위한 일에 많이 기여를 하는 회사로 운영하는 것이 그 첫 번째다. 'Great customer services'는 고객의 만족을 위한 종업원들의 자세로서, 스마일, 친절 그리고 고객을 나의 왕으로 생각하여 맞이하는 것을 말한다. 'Good teamwork & relationship'은 종업원 간에 좋은 인간관계를 형성하고 강한 팀워크를 바탕으로 고객과도 친구, 친적, 가족을 대하듯 좋은 관계를 형성하는 것을 기본 원칙으로 습관화하는 자세를 말한다. 'Good know to be

크리스천 자녀 교육, 결혼을 어떻게 시켰어요?

honest'는 종업원들이 일을 하면서 그 무엇보다도 중요하게 생각해야 할 것은 자신의 정직함을 바탕으로, 출퇴근 시간과 또 현금 관리를 명확하게 하는 것이다. 종업원들에게 사무실 열쇠와 현금 박스를 다 맡겨 그들이 직접 관리를 하고 있기 때문에, 정직성이 무너지면 어느 누구도 함께 일을 할 수 없음을 깨달아야 한다. 그러니 정직의 생활화, 습관화로 종업원과 관라자가 상호 신뢰성을 구축하여 그 신뢰를 바탕으로 운영되는 사업장이 바로 G2G인 것이다.

마지막으로 'Excellent sales skill'은 직원들이 휴대폰과 액세서리 그리고 휴대폰 사용료를 G2G에 와서 구매할 때에 한 번 구매하면 그 친구, 친척들에게도 소개하여 지속적으로 다시 찾아오도록 하기 위한 세일즈 스킬을 함양하는 교육을 시켜 전 직원의 탁월한 세일즈 능력을 보유하는 것을 말한다.

사업 확장과
새로운 개념의 사업

사업을 시작한 지 3개월 만에 2호점을 열어야겠다는 생각이 들었다. 주변에 마땅한 장소를 물색하던 중, 대형 식료품 마켓이 있는 맞은편에서 아주 좋은 장소를 발견했다. 매월 랜트비가 비쌌지만 쉽게 결정하여 계약을 하고는 2호점을 열었다. 처음 사업을 시작하고 6개월 동안에는 사업이 아주 잘 된다는 생각이 들었다. 그런데 6개월이 지나자 어려움이 찾아왔다. 2년 계약을 기점으로 하여 휴대폰을 고객들에게 무료로 주고 본사에서 나오는 코미션으로 운영이 되는 시스템인데, 계약한 고객이 6개월 내에 계약을 해지하고 나면 본사에서 나온 코미션을 100% 환수해 버리니 결국 무료로 준 휴대폰 금액만큼 내가 다 부담을 해야 하는 상황이 온 것이다. 전체 고객의 20-30% 정도가 6개월 내에 해지하는 상황인 것을 6개월이 지나고 나서야 알게 되었고 결국 많이 판매하고도 앞으로 남고 뒤로 밑지는 형태의 사업을 내가 하고 있었던 것이다. 2호점을 열고 많이 팔면 팔수록 오히려 더 힘이 드는 상황이 되어 감을 느끼게 되었다. 이 지역의 고객 특성을 잘 모르고 내가 너무 쉽게 생각했다는 것을 깨달은 시점에는 이미 늦어 있었다. 이 지역은 히스패닉이 85% 이상이 거주하는 지역으로서, 멕시코에서 미국으로 넘어온 아주 영세민들이 많이 밀집한 지역이므로 무료 폰을 받아서 한두 달 사용하고는 해지하고 다시 다른 회사로 옮겨 가는 고객이 대다수라 2년 계약이라는 것은 거의 의미가 없었던 것이다. 그래서 나는 우선 2호점을 정리하기로 마음먹었다. 랜트비도 부담이 되고 또 많이 팔아 봐야 별로 남는 장사가 아니니 결국 최소한으로 줄이고 사업을 축소화해 나갔다. 사업장 한 곳만 가지고 나는 이 어려움을 어떻게 극복할 것인가를 두고 하나님께 기도했다. 사업 자금도 거의 바닥이 난 상태라 은행의 융자를 신청하고는 돈을 벌 수 있는 다른 방안을 강구해야 하나

하고 많은 고민에 빠져 있을 때, 하나님은 나에게 사업을 시작하면서 하나님 영광을 드높이는 사업장으로서 이름도 G2G (하나님께 영광)로 지은 것을 아시고 측은히 여기시었는지 2년 계약이 아닌 매달 한 달씩 선불제로 운영되는 휴대폰 회사를 이곳으로 보내 주신 것이다. 그래서 나는 2년 계약 방식으로 이루어지는 휴대폰 판매량을 줄여 나가는 대신 선불제 휴대폰 회사와 딜러 계약을 하고는 그 비중을 높여 나갔다. 선불제 휴대폰은 휴대폰을 판매할 때 즉석에서 고객으로부터 휴대폰에 대해서 마진을 남기고, 또 매월 사용료 납부 시에도 몇 퍼센트의 마진이 있어서 결국 판매 즉시 남기고 후에 되돌려주어야 하는 일이 없으니 많이 팔면 팔수록 남는 장사가 된 것이다. 그렇게 선불제 휴대폰의 판매량을 늘리면서 사업을 시작한 지 3년, 서서히 앞이 보이기 시작했다. 그때 내가 다니던 휴스턴의 교회에서 한 사람이 방문을 했다. 예배 후 점심을 먹으면서 서로 이야기를 나누다 보니 그 사람이 휴대폰 사업을 한 지 꽤 오래된 베테랑임을 알게 되었다. 그래서 그 사람으로부터 또 다른 선불제 휴대폰 회사를 소개받게 되었고, 그 회사의 담당자도 소개도 해 주었다. 그래서 나는 내가 살고 있는 도시 미션의 다운타운에 또 다른 선불제 휴대폰 딜러를 열게 되었으며, 오픈한 지 첫 달부터 날개 돋힌 듯 판매가 되기 시작했다. 사업을 시작한 지 4년째 되었을 때, 또 다른 지역에서 운영되고 있던 선불제 휴대폰 가게를 인수하게 되어서 이제는 2년제 계약 방식의 휴대폰은 전부 철수시키고 오직 선불제 휴대폰 딜러만 여러 개를 가지고 운영하기 시작했다. 그 덕분에 사업이 안정이 되어 가기 시작했다. 하나님께서 적절한 시점에 나에게 필요로 한 사람을 보내어 주시고 그 사람을 통하여 또 다른 종류의 휴대폰 딜러를 할 수 있게 도와주시니 참 고마우신 분이고, 또 나에게 항상 힘이 되어 주시고 항상 아낌없는 사랑을 베풀어 주심을 느끼면서 사업을 할 수 있게 되어 너무나도 감사한 일이라는 생각이 든다. 나는 운전을 하여 이 가게, 저 가게 방문을 하면서도 좋은 장소가 보이면 그 장소에 대해서 '하나님의 뜻이면 되게 해 주시고 또 안 되어도 하나님의 뜻으로 알겠습니다.' 하고 늘 기도했다. 그렇게 하니 가끔 장소가 있어도 딜러 승인이 나지 않고 또 딜러 승인이 날 것 같다가도 내가 아닌 다른 사람이 먼저 가져가게 되기도 하지만, 나는 그것에 대해서 전혀 마음 아파 하지 않게 되었다. 하나님께 기도하면서 내가 할 일은 최선을 다해 놓고 하나님의 뜻에 맡기는 사업을 하는 것이었다. 그저 마음이 참 평안하고 별다른 스트레스 없이 사업을 할 수 있어서 늘 감사할 따름이다. 내가 살고 있는 지역에서 승용차로 한 시간 내의 거리에 휴대폰 대리점을 5개 내지는 8개로 유지하면서 매일 출근하여 각 가게마다 방문을 하고, 판매량, 재고 점검 그리고 전날 판매 금액을 회수하여 은행에 입금하는 등의 일과로 매일매일의 삶이 바쁘지만서도 종업원들과 즐겁게 일할 수 있어 나는 참 행복하다. 내가 하는 사업의 이익을 나 혼자 가져가는 것이 아니라 종업원들과 함께 나눌 수 있도록 일정 급여 외 종업원들의 성과에 따른 커미션 제도의 정착화를 도입하여 직원들도 즐겁게 일할 수 있어서 좋은 것 같다. 또한 내가 번 돈의 일부를 가난한 나라의 아이들 그리고 선교지에게 지원을 하면서 살아갈 수 있어서 참으로 감사하다. 약 12년 6개월 동안 동일 업종의 휴대폰 사업을 재미있게 잘해 왔다. 그러나 미국 대통령이 바뀌면서 멕시코 국경에서 미국으로 들어오는 입국자가 줄어들고 또 멕시코 페소와 미국 달러의 환율 격차로 멕시코에서 미국으로 들어오는 방문자가 줄어들었다. 미국과 멕시코 국경 지역의 경기가 막 침체가 되어 가고 있어서 국경 비즈니스들이 전체적으로 힘든 방향으로 가고 있고, 앞으로도 힘들 것이 예측되었다. 그래서 나는 5개의 매장을 매각하기로 마음먹었다. 2017년 12월 말, 젊은 현지 사람에게 매각을 하고는 기존 사업의 방식을 탈피한 채 집에서 5분 거리 내에 새로운 각도의 사업장을 다시 열었다. 큰 회사로부터 일일이 간섭을 받는 대리점 형태에서 완전 독립화를 하였다. 또한 기존에는 매장에서 손님을 기다리는 형태의 사업이었으나 이번에는 고객을 기다리면서 추가로 온라인으로 판매도 하고, 인터넷 광고를 통하여 손님들이 멀리서도 찾아오는 형태로 전환을 했다. 휴대폰과 관련 액세서리 등을 고객에게 판매도 하고, 때로는 고객으로부터 구입을 하여 수리를 하여서 다시 인터넷을 통하여 재판매하는 새로운 개념의 휴대폰 관련 사업을 다시금 시작하게 되었다. 즉 기존대로 앉아서 손님을 기다리는 방식도 가지고 가되, 인터넷을 통한 광고도 해서 전화를 받고 찾아오게 하며, 온라인 판매도 하는 두 가지 방식을 다 적용하는 것이다. 시장이 지역에 한정된 것이 아니라 미국 전역으로 가능하도록 전환을 시켰다. 여러 가게를 매일 방문하며 일 년에 24,000마일을 차로 달리면서 일하던 것을, 집에서 5분 거리의 한 곳에서 미국 전역을 사업의 시장으로 볼수 있는 'On and Off Line' 비즈니스로 전환하게 되었다. 자녀 셋 중에 둘은 이미 결혼을 하였고 막내인 아들도 대학교 졸업반이어서 경제적으로 돈을 많이 필요로 하는 시점은 지나간 상태였다. 여러 군데가 아닌 하나의 가게에서 아침 10시에 출근해 5시에 퇴근하고, 종업원들은 저녁 8시까지 일하고 문을 닫는 형태로 새로운 개념의 사업이 되었다. 가끔 며칠씩 출타를 하여도 종업원들이 잘 운영하고 또 휴대폰으로 모든 실적과 상황을 볼 수가 있으니 참으로 좋다. 60세 이후의 삶을 좀 더 시간과 마음의 여유를 가지고서 평생 현역이 될 수 있고, 동시에 건강을 생각한 사업장으로 전환할 수 있었던 것이 참으로 하나님의 은혜구나 싶은 마음이 들었다. 늘 말하듯이 감사한 마음으로 일을 할 수가 있어서 참으로 좋다.

나이는 들어도
계속하고 싶은 공부

나는 오래 전부터 신학 공부를 좀 해야겠다는 생각으로 이곳에서 일을 하며 공부를 병행할 수 있는 방법을 찾기 시작했다. 신학과 선교학을 공부하여 향후 직접 선교지에 파건을 나가기보다는 이곳에서 선교지를 지원하는 일을 함으로써 장기적으로는 은퇴 후에도 무언가 남에게 도움을 줄 수 있는 일을 계속하고 싶었다. 학교에 직접 가지 않고도 통신으로 공부를 할 수 있는 대학을 찾기 시작했다. 그러던 중 휴스턴으로 가족끼리 함께 여행을 갔다가 대형 슈퍼마켓에서 한국어 지역 신문을 발견하게 되었다. 그것을 가지고 와 보던 중 신학 대학에 대한 안내를 보고는 눈이 번쩍 뜨였다. 휴스턴에 있는 남부 개혁 신학 대학원(Southern Reformed Theological College & Seminary)에서 통신으로도 신학을 공부할 수 있는 시스템이 있다는 것을 알게 된 것이다. 나는 즉시 그곳에 전화를 하여 상세하게 알아보고 또 학교 웹사이트도 확인을 하여 2010년도부터 공부를 하기로 마음먹었다. 그래서 아내에게 이야기를 하니 별로 환영하지도, 크게 부정하지도 않았다. 그래서 나는 내가 다니는 교회 담임 목사님과 장로님 한 분의 추천서를 받아 그 학교에 등록을 했다. 그렇게 열심히 공부를 하기 시작했으나 약 1년 반 정도 지나고 나니 하기가 싫은 마음이 들었다. 그래서 그만 중단할까 생각하며 아내에게 물어보니, 아내는 그만두는 게 좋다고 했다. '지금 공부해서 무엇을 하려고 하는지요?'라는 질문을 했다. 그래서 나는 곰곰이 생각하고 기도를 해 보았다. 그런데 내가 하고 싶어서 시작을 해 놓고 여기서 중단하면 아이들이 보기도 좋지 않을 거라는 생각이 들었다. 또한 막내아들이 아직 집에서 학교를 다니는 고등학생이니 아들을 봐서라도 아버지가 함께 공부하는 모습으로 본보기를 보여 주는 게 좋겠다는 생각이 들었다. 그래서 나는 3년을 다하여 목회학 석사 과정을 마무리하여 석사가 되고, 그 이후에 다시 선교학 박사 과정을 수료하여 선교학 박사가 되어서 선교 지원 센터를 더욱 활성화시켜야겠다고 재차 다짐을 했다. 그 길로 다시 마음을 다잡아서 공부를 계속하기 시작했다. 책을 읽고 그 책에 대한 요약과 소감을 쓰는 과제물이 있던 덕분에 책도 많이 읽게 되고 또 그동안 몰랐던 신학을 더욱 상세하게, 체계적으로 공부하게 되었다. 무엇보다도 과목에 따라서, 또 교수님들의 강의 내용에 따라서 많은 은혜를 받고 감명을 받아서 강의를 듣는 중 눈물이 글썽이게 되는 경우도 있었다. 특히 교회 음악 공부를 하면서 많은 감동을 받았다. 담당 교수님이 암으로 죽을 고비를 넘기고 다시 학교에서 강의를 하면서 생생한 간증과 또 찬양을 하셨는데, 그것이 나의 심금을 울리고도 남았다. 히브리어, 헬라어 같은 과목은 많이 어렵고 힘들었지만 그래도 이렇게 수업을 통하여 그러한 언어를 조금이라도 알 수 있었음에 감사한 마음이다. 여러 과목들을 공부하여 3년째에 90학점을 획득하고, 드디어 2013년 6월, 졸업식을 하며 석사 학위를 취득하게 되었다. 그리고 8월에 다시 선교학 박사 과정에 입학하여 공부를 시작하게 되었다. 박사 과정에서 집중적으로 연구하고 논문을 쓰기 위한 자료 수집에 들어갔다. 10년 이상 지속적으로 선교 지원 활동을 해 온 멕시코 레이노사 시티에 있는 현지 교회를 대상으로 자료를 수집하고 또 선교적 이론을 바탕으로 상호 비교 및 검토하였다. 논문의 제목은 '멕시코 복음화를 위한 선교 전략에 관하 연구'이며, 멕시코 레이노사를 중심으로 연구를 하였다. 많은 선교학자들의 선교 이론을 연구, 검토하고 멕시코 레이노사 시티와 유사한 중소형 도시에 적합한 선교 이론을 제시하고, 선교 전략을 수립하여 제시하였다. 논문의 결론 부분에 있는 내용을 잠시 소개하고자 한다.

인간은 남에게 도움을 받고 싶으면 끊임없는 욕심이 그 마음에 함께하므로 삶이 불행해진다. 그러나 내가 가진 것이 부족할지라도 항상 남을 돕겠다는 마음으로 남을 도우면서 살아갈 때에는 그 마음이 풍성해지고 행복한 삶이 되는 것이다. 이와 같이 교회도 어려운 가운데서도 더 힘든 지역과 선교지를 돕는 마음으로 목표를 정하여 전 교인이 함께 동참하여 도우면서 나아갈 때에 진정 그 교회는 성장해 가고 또 성도들의 마음에 참 행복과 기쁨이 함께한다고 본다.

졸업 논문을 발표하는 날이 다가왔다. 그런데 내가 사는 지역에서 논문을 발표하는 장소까지는 자동차로 6시간, 비행기로는 1시간 거리였다. 그래서 사전에 비행기표를 예매하고 갈 준비를 마쳤는데, 발표 당일 새벽에 출발하는 비행기가 전날 밤 9시경에 취소되었다는 통보가 온 것이다. 순간 앞이 깜깜하였다. 밤새 운전해서 갈 것인가? 아니면 논문 발표를 연기해 달라고 할까? 그러나 이미 시간이 너무 촉박하여 발표 일정을 연기하는 것은 사실상 어렵다. 그래서 고민하다가 새벽 3시에 한 시간 차를 몰고 가서 거기서 가는 다른 항공사를 알아보고 예약을 하였다. 잠을 몇 시간 설치다가 새벽 3시부터 출발하여 논문을 발표하는 장소인 휴스턴에 7시경이 되어서 도착하였다. 논문 발표 시간은 10시인지라 여유 있게 도착은 했으나, 잠을 설쳐 마음이 불안하였다. 드디어 발표 시간이 되어서 나는 발표 시작 전에 먼저 어제 저녁부터 있었던 일들을 교수님들에게 간략하게 설명하고 시작을 했더니 마음이 놓였다. 그 덕에 논문 발표를 무사히 마치고 잘 통과되었다. 그리하여 2015년 5월말, 나는 선교학 박사를 취득하는 졸업을 하게 되었다. 이 모든 것을 통하여 하나님께 영광 더 높이기를 소망합니다.

가족 중심의
자비량 선교회 시작

미국으로 온 지 2년쯤 되었을 때, 내가 다니던 회사에서 사무직 여 직원을 뽑기 위해 인터뷰를 하는 과정에서 멕시코의 아주 가난한 동네에서 그녀의 아버지가 목사로서 교회를 개척하고 있다는 이야기를 듣게 되었다. 그때 나는 선교 활동에 대한 관심을 많이 가지고 있던 때였다. 그래서 그 여 직원의 아버지가 계신 교회에 우리 가족들과 함께 방문하게 되었다. 그 목사님은 미국 시카고에서 신학을 공부하고 멕시코 레이노사의 외곽지 빈민촌에 교회를 개척하여 부인과 딸 둘, 아들 셋까지 온 가족이 교회에서 함께 섬기고 있었다. 아들들은 찬양을 인도하고 딸들은 주일 학교 교사로 봉사하고 목사님은 설교를 하고, 각자가 맡은 바 그 역할을 다하고 있었다. 그 교회에 처음 가서 함께 예배를 드리는데 약 2시간 예배 중 한 시간은 일어서서 찬양을 함으로써 온 교인이 뜨거웠다. 나도 함께 찬양을 하는데 가슴이 뭉클하고 또 눈물이 글썽거렸고, 많은 은혜로운 시간을 함께 보내게 되었다. 그 이후 나는 일 년에 봄과 겨울 꼭 두 차례에 걸쳐 가족들과 함께 이 교회를 방문하였다. 봄에는 어린이 주일에 맞추어 갔고, 겨울에는 크리스마스 때를 맞추어 주일 오후 예배에 참석하고 또 어린이들에게는 준비한 선물들을 함께 나누어 주었다. 당시 나의 자녀들은 큰애들이 중, 고등학생 시절이었고, 막내는 초등학생 시절이었다. 막내는 아직 어린이였지만 함께 그 가난하고 어려운 동네의 어린아이들에게 가지고 온 선물을 나누어 주는 모습이 참 보기에 좋았다. 그리고 큰애들은 그 지역 같은 또래의 가정집을 방문한 후 감사한 마음이 생긴 것 같았다. 그곳 가정집 안의 바닥은 흙으로 되어 있었고 침대 한 개, 소파 한 개인 방 안에 다섯 명의 가족이 함께 살고 있었으며 물론 화장실도 찾아볼 수 없었다. 그 열악한 가운데 생활하는 현장을 직접 눈으로 보고는 현재의 삶에 큰 감사를 느끼는 마음이 생겼다고 한다. 2002년부터 매반기마다 일정의 금액을 이 교회에 선교 헌금으로 보내기 시작하여 약 15년 동안 선교 지원 하여 왔다. 첫 시작은 한 교회로 시작했는데 조금 지나서 또 다른 한 교회를 찾아서 지원하게 되었고, 그리고는 선교 지원 하는 게 하나님께서 나에게 주신 은사란 생각이 들게 되었다. 그런 후 나는 선교 지원에 대한 관심을 계속 가지며 자녀들과 함께 지원할 대상 선교지를 찾기 시작했다. 큰딸 시온이가 대학교 3학년 때에는 에콰도르 끼또에 있는 대학에 한 학기 동안 교환 학생으로 가서 의학 관련 공부를 하고 실습을 하게 되었다. 그래서 그곳에 있는 선교사님을 찾아서 선교님 자녀들에게 무료 학업 지도를 해 주고 현지 교회에도 참석하면서 나의 선교 지원지를 찾아 주었다. 그래서 에콰도르에서 선교하고 있는 한국 선교사님에게도 지원을 할 수 있게 되었다. 교환 학생 과정을 마치고 집으로 돌아왔을 때, 나는 큰딸에게 에콰도르의 어린이 중 가난하고 도움이 필요로 한 아이를 찾아서 월드 비전으로 매월 지원하자고 하였더니, 곧 착하고 예쁜 한 여자아이를 선정하여 매월 지원하게 되었다. 둘째 딸 은지도 대학교 3학년 때 아프리카 가나에서 교환 학생으로 한 학기를 공부하게 되었다. 우리가 살고 있는 곳보다 무척 열악하고 가난한 그곳 실정에 맞추어 생활하면서 그곳 삶을 체험하게 되었다. 그런 삶의 체험을 통하여 한층 더 성숙해지고 독립심이 강해진 모습을 볼 수 있었다. 잠자면서 온몸에 모기에 뜯겨서 온통 부풀어 올랐지만 그곳의 생활은 인생에 큰 추억의 한 장면으로서뿐만 아니라 앞날을 개척하고 파헤쳐 나가는 밑거름이 될 것으로 본다. 둘째 딸 은지가 교환 학생 과정을 마치고 집으로 돌아왔을 때 나는 또 한 아이를 선정하여 지원하자고 했더니 은지는 아프리카 가나의 아주 가난하고 힘든 가정의 남자아이를 선정하게 되어서 지금까지 매월 월드 비전을 통해서 지원하고 있다. 그리고 막내아들에게는 대학을 가기 전에 미리 한 명을 선정해서 월드 비전을 통해서 지원하자고 했더니 자신과 생일이 같고 취미가 비슷하면서 수학을 좋아하는 아프리카 잠비아의 한 남자아이를 선정하여 그 아이에게도 매월 지원하기로 하였다. 2013년 12월 22일은 조금 특별한 날이다. 그동안 내가 생각해 왔던 선교 지원 센터를 설립하기 위해서 첫 예배, 즉 설립 예배를 온 가족들과 내가 섬기는 교회의 목사님, 부목사님 가족 그리고 교회의 선교 위원장, 선교 팀장 가족들과 함께 드리게 되었다. 'G2G Mission Center'라고 이름을 붙였다. 앞에 G2G는 'Glory to God'의 약자이고 'Mission Center'로서 하나님의 영광을 더 높이는 선교 센터라는 이름으로 설립 예배를 드리게 되었다. 2002년도부터 개인적으로 어려운 교회와 선교지의 지원을 해 오던 곳이 2013년에는 여러 곳이 되었고 월드 비전의 아이들 지원도 여러 명이 되니 계속 개인적으로 하기보다는 선교 지원 센터를 통해서 좀 더 체계적이고 또 개인에서 가족 중심으로 하여 앞으로는 더 많은 선교 지원 활동을 하자는 취지로 시작하게 되었다.

내가 출석 중인 교회 목사님과 부목사님, 선교 위원장 그리고 가족들이 함께 참석하여서 담임 목사님의 인도로 예배를 드리게 되었다. 찬송 337장 내 모든 시험 무거운 짐을, 성경 잠언 16장 1-9절 말씀으로 하나님의 인도함을 받기 위해서는 1. 하나님을 경외해야 한다. 하나님을 두려워하고 존경하는 마음을 가져야 한다. 2. 하나님을 기쁘시게 해야 한다. 인간적인 것보다 하나님의 의가 이루어져야 한다. 3. 모든 것을 하나님께 맡겨야 한다. 믿음의 실제적인 표현은 하나님의 능력의 손에 맡겨야 한다. 하나님의 일을 할 때 하나님이 주체가 되어야 한다. 무엇보다도 내가 한다는 생각은 버려야 한다.

G2G 선교회 설립 예배는 아주 은혜스럽게 잘 마치게 되었다. 특히 막내아들 공의가 하는 말이 참 듣기 좋았다. "아빠, 오늘 참 잘했어요.". 아버지가 자녀들로부터 칭찬을 받는 것도 기분이 참 좋았고 마음이 뿌듯한 느낌을 받았다. 자녀들이 앞으로 가정을 이루고 직장 생활을 할 때 항상 가난하고 어려운 사람들을 도우며 베풀며 살았으면 했는데, 자녀들이 잘 이해하고 앞으로 잘할 것으로 본다. 그리고 내가 누군가에게 받기를 원할 때에는 항상 욕심이 앞서고 마음에 불안과 초조함이 있겠지만, 내가 남에게 뭔가 도움을 주고 베풀 때에는 항상 마음이 평안하고 또 마음이 부자인 상태로 있기 때문에 행복 지수가 아주 높아지는 원리를 나는 터득하였다. 그래서 그것을 자녀들에게도 꼭 전해 주고 싶다. 선교 센터 설립 예배 후 2년이 지난 2015년에는 선교 센터의 일을 좀 더 구체적이고 넓게 확대하여 장기전인 비전을 가지고 선교 센터를 미국의 비영리 제단에 등록을 하였으며 웹사이트 (www.g2gmission.com)를 만들어 운영을 시작하게 되었다. 나의 세대를 넘어서 자녀 그리고 자손 대대로 이 선교 센터를 통하여 많은 영혼을 구원하고 또 나의 물질적인 재산보다는 남을 돕는 마음을 자손 대대로 물려주기 위해 이런 기초적인 작업을 하게 되었다.

부동산 투자 이야기

        2000년 2월에 미국으로 온 가족이 오면서 한인 교회에 출석을 하게 되었다. 출석하고 있던 와중 교회의 한 분을 통하여서 미국의 부동산 투자에 대한 많은 이야기를 듣게 되었다. 그분은 훨씬 오래전에 미국으로 이민을 오시어 내가 살고 있는 지역에 엄청난 땅을 소유하고 계셨고 사업도 크게 하시는 분이었다. 성공적인 부동산 투자와 함께 사업하시는 모습을 보니 그분의 이야기 한마디가 나에게는 아주 필요하고도 귀한 정보가 되었다. 그리고 만날 때마다 많은 조언을 아끼지 않으시고 또 자신의 일같이 열성적으로 친절하게 설명을 해 주시어 무척 감사한 마음이 들었다.

    그래서 나도 미국 생활을 한 지 2년차에 부동산에 대한 눈을 뜨기 시작하게 되었다.

    여기서 부동산의 투기와 투자의 정의를 한 번 점검해 보고자 한다. 인터넷으로 위키백과 검색에 들어가서 그 정의를 알아보니 다음과 같았다. "부동산을 매수 후 오랜 기간에 걸쳐 자산의 가치가 오를 때까지 기다리는 것을 투자라 하고, 단기간의 시세 변동을 노리는 것을 투기라고 한다.". 그리고 웹사이트(dollartowon.wordpress.com)에서 투자와 투기의 차이를 찾아보니 다음과 같이 정의를 내려 놓았다. "사전적 의미로 투자는 "Investment", 투기는 "Speculation". 시간상으로 보면 투자는 장기적 수익을 기대하고 투자하는 반면, 투기는 단기적인 수익을 행하는 것이라 할 수 있겠습니다."

위와 같이 투자와 투기의 의미를 정의해 본 것은 크리스천으로서 정당하게 투자해서 정직하게 자산을 늘리고 그리고 그 자산을 나만을 위해서 사용하는 것이 아니라 불쌍하고 어려운 나라의 어린이를 돕고 또 어려운 지역의 선교지를 도우면서 베풀고 나눔의 삶을 살아가기 위한 일환으로, 누군가가 보더라도 진실되고, 정당하게 부동산을 구입하여 장기적인 투자를 하는 것이 바람직하다고 보고 그렇게 하고자 한다.

은행 융자를 낮은 이자로 잘 받으려면 크레디트 점수가 좋아야 한다. 그래서 미국에 와서 살아가면서 크레디트 점수를 잘 관리하여 은행 융자를 받기에 어느 정도 충족된 조건을 만들어 나가야 함을 알게 되었다. 그래서 나는 크레디트 카드를 2-3개 만들어 사용 금액을 50%를 초과하지 않게 사용하고, 매월 청구 금액을 지연시키지 않고 제때 지불하였다. 그리고 집에 나오는 물세, 전기세, 기타적으로 청구되는 비용들을 제때 내었다. 그렇게 하자 미국 생활 1년이 지나고 좋은 크레디트 점수를 유지할 수 있게 되었다. 미국에서 부동산 구입은 현금으로 하든지 아니면 은행에서 융자를 받아서 구입이 가능하다. 자신의 돈 5-20%만 가지고도 은행에서 융자를 통하여 구입이 가능한 것이다.

그러나 그 조건은 크레디트 점수가 좋아야 하고, 또 자신의 수입 대비 매월 정기적인 지출 항목 중 융자나 크레디트 카드, 자동차 구입 시의 융자에 대한 매월 지출 금액들의 합산이 수입의 36%를 초과하지 않아야 한다. 그리고 주말에는 차를 타고 돌아

다녀 보면서 지역의 흐름을 파악하고 장기적인 관점에서 발전성이 있는 지역이 어느 지역인지를 파악하기 시작했다. 어느 정도 지역의 정보가 파악이 된 이후에는 우선 집보다는 땅을 팔려고 내어놓은 것들을 찾아보고 또 전화도 하여서 가격 현황을 파악하게 되었다. 부동산을 현금으로 구입하는 것이 아니라 이자가 낮은 은행 융자로 구입한다고 생각하니 매달 이자를 갚고 또 세금을 낼려면 장기적인 투자 측면에서 이자와 세금의 부담이 크다는 생각을 하게 되었다. 그래서 땅만 있는 것보다는 오래된 집이나 모빌 하우스 등이 건설돼 있는 땅을 구입하면 우선 이자와 세금에 대한 부담은 없앨 수 있게 된다. 왜냐하면 그 집과 땅에서 나오는 임대비로 은행 융자금의 이자와 세금 등을 낼 수 있기 때문이다. 그리고 그 땅을 그냥 묵히지 않고 농사를 짓거나 가축을 키우는 용도로 사용할 시 세금 혜택이 있어 임대 수입에서 원금 상환도 일부 가능하니, 장기적인 투자 측면에서 그 땅에 대한 부담이 별로 없게 된다. 10-15년 상환으로 융자 시에는 10-15년 후면 원금을 다 갚게 되고 또 그 시점에서 가격 상승의 효과로 위치에 따라서 크게 자산이 증가하는 경향이 있다고 보면 된다. 그리고 먼저 한곳에 투자하여 그곳에서 임대가 되면 매월 수입이 증가하여 추가로 두 번째, 세 번째 투자가 되어도 융자 조건 수입 대비 융자금 지출 총 금액이 36% 한도에서 머물게 되므로 여러 곳에 투자가 가능케 된다. 부동산, 특히 땅에 대한 투자는 장기적인 관점에서 멀리 보고 투자하는 것이 나의 적성에 맞는 느낌이다. 너무 단시간에 수익을 내려고 하다 보면 욕심이 들어

가고, 투기 형태로 빠지기 쉬워지며 기존에 하던 일들에 지장을 주게 된다. 하지만 10년 이상 장기적인 관점에서는 매월 저축하는 기분으로 은행 융자를 갚아 나가는 것은 곧 나의 자산이 늘어난다는 것으로 볼 수 있다. 땅에 대한 투자는 아주 정직한 편이다. 땅에 씨앗을 심으면 새싹이 나고 우리들에게 채소와 열매를 제공하여 준다. 그리고 콩 심은 곳에 콩 나고 팥 심은 곳에 팥이 난다. 이와 같이 땅에 대한 투자는 장기적으로 볼 때 사람들에게 열매를 가져다준다고 볼 수 있다. 좋은 땅에서 자란 나무에서는 더 많은 열매의 수확이 있듯이 가능한 좋은 위치, 즉 장기적으로 발전성이 예상되는 땅을 구입하는 것이 더 많은 열매를 맺는 나무와 같이 더 많은 수익을 얻을 수 있는 걸로 예상된다고 볼 수 있다. 땅은 단기간에는 가격이 조금 오르락내리락하지만 장기적인 관점에서 가격이 내려가는 경우는 거의 없다고 볼 수 있다. 그리고 또 땅에 대한 투자가 아니더라도 미국 텍사스 남부, 내가 살고 있는 지역에서는 4plex 아파트가 많은 편이다. 이는 한국의 다세대 주택과 유사한데, 네 가정이 각각의 주거 공간을 가질 수 있는 방 두 개 또는 세 개짜리 아파트 4개 단위를 건축하여서 매매를 하는 것이다. 아파트 네 가구를 한꺼번에 구입하는 것도 가능하지만 집 한 채 사는 경우에 비해 네 가정이 거주할 수 있는 공간이면서도 싸게 살 수가 있는 편이다. 그래서 4plex를 구입할 경우 10-30%의 다운 페이를 하고 나머지는 은행 융자를 내어서 빌린 후 매달 갚으면 된다. 물론 이 경우에도 위치가 좋은 곳을 택하여 네 집 중에 한 집에는 본인의 가정이 살고 나머지는 매달 임대하는 형태로 세입자를 찾아서 거기서 나오는 금액으로 은행 융자와 집에 대한 세금을 낼 수만 있는 조건이라면 15-20년 융자를 하여 초기 투자금 10-30% 외에는 임대 수입에서 은행에 매월 갚고, 15-20년 후에는 그 4plex 전체가 자신의 소유가 되는 것이다. 또한 위치가 좋은 곳으로 하였다면 가격 상승의 효과도 볼 수 있어서 일거양득이라고 볼 수 있다고 볼 수 있다. 지금까지 부동산 투자에 대한 이야기는 약 20년간의 부동산에 대한 투자 경험을 가진 나의 의견과 경험한 내용들을 정리해 본 것이다.

이 이야기가 정석이라고는 볼 수는 없다. 누구든 보다 나은 투자 경험을 이야기할 수 있고 더 좋은 경험을 이야기할 수 있다고 본다. 그래서 이것은 나의 개인적인 의견과 경험의 이야기로만 봐 주면 좋겠다.

인생 1막의 마무리
그리고 2막의 시작

나는 1961년도에 경상북도 팔공산 밑의 작은 농촌 마을에서 태어났다. 어릴 때에는 그 농촌에서 동네 아이들과 온 동네를 뛰어다니면서 전쟁 놀이도 하고, 겨울에는 축구공을 가지고 텅 빈 논바닥에서 축구를 하고 또 깡통에 숯불을 넣고 돌리면서 불놀이도 하는, 천진난만하게 자라 온 순수한 시골 아이였다. 초등학생 때에는 학급의 반장도 하고 중학교에 다닐 때에는 학급에서 늘 상위권 5%에 드는 성적을 유지했으며 씨름, 축구 등을 잘해 남녀 공학 중학교에서 여학생들에게 인기가 좋았던 청소년 시기를 보내고 있었다.

그 후에 나는 고등학교를 가까운 대구로 가지 않고 부산의 국립 부산기계공업 고등학교에 진학하여서 3년간 학비와 기숙사비를 전액 국비로 지원받아 다녔다. 그리고 일찍 기능사 자격증을 따서 취직을 하려는 생각이 있었지만 3학년 때부터 진학 공부를 해서 대학을 가게 되었고, 대학을 4년 동안 다니며 장학금을 많이 받았으며, 대학원에 진학해서는 조교 생활을 하면서 학비를 해결하고 저녁에는 여러 가지 많은 아르바이트를 하면서 용돈을 마련하면서 생활했다.

그리고 대학원 과정을 마침과 동시에 대기업의 연구원으로 취직을 하고는 바로 결혼을 하게 되었다. 일찍 결혼을 한 이유는 내가 초등학교 6학년 때 국어 책에 나오는 소나기의 주인공처럼 내게도 그 시절 좋아하던 여자아이가 있었으며 27살이 될 때까지 한 번도 헤어지지 않고 친구로 연인 사이로 발전한 여자가 있어서였다.

회사에 입사한 후 3개월 만에, 그리고 근무지에 배치받고 일주일 만에 결혼을 하였기 때문에 우리는 결혼을 결혼 자금을 가지고서 할 수가 없었다. 그래서 결혼하자마자 융자금을 가지고 가정을 이끌어 가는 가장이 되었다. 결혼 후에 살아갈 전셋집을 찾다가 적당한 집을 찾지 못해 그냥 융자를 내어서 14평짜리 아파트를 사게 되었다. 그런데 3년이 지나자 그 집의 가격이 3배로 껑충 뛰어서 결혼 당시 전세를 구하지 않고 아파트를 구입한 게 참으로 다행스러운 일이라고 생각했다. 그곳에서 약 6년을 살다가 기존 아파트를 매각하고, 부모님으로 물려받은 농촌의 밭 400평을 팔아서 일부를 보태고 부족한 금액을 다시 축협을 통하여서 융자를 내어서 33평형 아파트를 분양받아 이사를 하게 되었다. 직장 생활을 하면서 약 6년 만에 33평형 아파트를 구입할 수 있었던 건 결혼 초기에 전세를 구하지 않고 구입한 아파트의 가격의 급등한 것이 가장 큰 영향을 주었으며, 또 아내의 절약 정신 그리고 아이들에게 어릴 때부터 가르쳐 준 저축 습관 등이 큰 도움이 되었다. 한국에서 약 15년간 직장 생활을 하는 동안 이사를 한 번밖에 하지 않아도 되어서 참으로 좋았다. 그리고 미국으로 이사를 오면서 아파트를 다 정리하고 미국에서의 대기업 주재원 생활을 하면서 경제적으로 많은 도움이 되었다. 그래서 주재원 생활을 할 때에 한국에서 가져온 아파트 매각 비용 등을 이용해 내가 살고 있는 지역에서 살아갈 집도 구입을 하였으며 역시 장기 융자금을 받아서 구입했으므로 매월 융자금 상환을 하는 생활을 하게 되었다. 그래서 절약하는 생활은 아내와 나의 몸에 완전히 배었다.

대기업 주재원 생활을 마치고 한국으로 돌아가지 않고 미국에서 약 15년간 휴대폰 관련 사업을 하면서 한국에서부터 주재원까지 회사 생활 약 20년 그리고 개인 사업 약 15년, 총 35년 동안 일을 하게 된 이 시점에 나는 한국 나이로 59세가 되었다. 그러는 가운데 이곳 미국에서 딸 둘은 중고등학교, 대학교, 대학원 과정 등을 마치고 아들도 대학교까지 다 마치고서 자녀 셋 모두가 20대 중반에 결혼을 하고 가정을 이루게 되었다.

지금까지 달려온 삶은 나의 사랑하는 사람과 함께 가정을 이루고 그리고 자녀 셋을 낳고는 그 아이들이 공부를 마치고 직장을 가지고 또 결혼을 하여 가정을 이루게 된 시점까지가 끝이다. 나와 나의 가정, 자녀 양육 중심의 삶, 즉 자녀의 교육, 자녀의 결혼까지를 위한 직장 생활 및 개인 사업 중심의 삶을 살아온 것이 나의 인생 1막이라는 생각이 든다.

인생 1막까지 잘 달려올 수 있었던 가장 큰 힘은 항상 나와 함께하시고 나를 지켜 주시는 하나님 그리고 나의 구원이시고 나를 사망에서 영원한 생명의 삶으로 인도해 주신 예수님의 은혜라는 마음이 항상 가득하다. 그리고 인생 1막을 잘 마무리하기까지 나와 늘 함께하면서 자녀들을 잘 양육하고 있는 영원한 나의 사랑의 동반자 나의 아내가 많은 도움이 돼 주었기에 늘 고마운 마음이 가득하다.

이제 60세가 되면서 인생 2막을 시직해 보고자 마음을 정리해 본다.

인생의 2막 때에는 1막과는 다른 삶을 살아가고 싶은 마음이 간절하다. 인생의 1막은 나와 나의 가정과 가족을 위한 삶이었다면, 2막은 하나님께서 주신 은사와 지금까지 살아온 삶의 경험과 지혜를 활용하여 그 재능과 경험을 나누고 봉사하며 살아가고 싶은 마음이다. 인생 1막까지 받은 은혜와 사랑을 인생 2막에서는 섬기고,

봉사하는 삶을 통하여 그 사랑과 은혜를 베푸는 삶을 살아가고 싶은 마음이 간절하다. 인생 1막까지의 내용을 한 권의 책으로 편찬하고 앞으로 인생 2막의 삶을 모아서 또 한 권의 책을 편찬하고 싶은 게 나의 소망이다.

4부

취미 활동을 통한 건강 관리

MGA를 통한 건강 관리

맥알랜 지역의 사업을 하는 한인들, 특히 직장 생활을 하는 남자들은 토요일이면 골프를 치고 운동을 하는데 몇 개의 그룹으로 각자가 마음이 맞는 사람들끼리 각자 다른 골프장에서 모임을 가진다. 이 지역에서 골프를 치는 비용은 아주 저렴한 편으로서, 약 $30-$40이면 18홀을 카트 타고 직접 운전하면서 칠 수가 있다. 가격도 싸고 토요일에 시간이 있어서 마음 맞는 사람들이 모여 운동하는 것은 좋으나, 이 지역에 온 지 얼마 되지 않은 사람들은 여기저기 함께 골프를 치고 싶은 그룹을 찾지 않으면 당분간 혼자서 쳐야 하는 문제가 있었다. 그리고 매주 토요일 골프장 예약을 누군가 해야 하는데, 여러 사람이 해야 하고 서로가 서로에게 그것을 미루는 경향도 있는 것 같았다. 그래서 생각한 것이, 몇 개 그룹의 골프 멤버들을 한 그룹으로 모으고 누군가가 골프 시간 예약을 한 후 이메일로 시간과 장소를 알려 주면 되겠다는 생각을 했다. 어느 날부터 내가 골프장 예약을 하고 그 장소와 시간을 이메일로 보내었는데 예상외로 많은 사람들이 동참을 했다. 그래서 6개월 동안 나는 매주 골프장 예약과 함께 매주 골프 친 결과를 기록했다. 그 기록을 통해 매주 챔피언이 누구인지를 정하여 6개월 동안의 성적으로 챔피언, 베스트 플레이어, 메달 리스트 등을 선정하고 트로피를 만들어 시상식도 하도록 했다. 6개월 후에는 회장과 총무를 선임하여 임원진에서 골프장 예약과 결과를 기록 및 관리하기 시작했다. 그러나 아직 재정이 없기 때문에 다시 6개월 후에 열린 시상식에서는 'G2G WIRELESS'와 한 회원의 스폰서를 통하여 트로피와 상품을 나누게 되었다. 그리고 1년이 지나면서 임원진에서 골프회 자체에서 회비가 나오도록 아이디어를 내어서 운영이 되기 시작했다. 매주 토요일 새벽에 교회에 가서 새벽 기도를 마치고 교회에서 아침 식사를 하고는, 8시 30분경에 곧바로 골프장으로 이동해서 약 1-3개 정도 되는 그룹이 함께 골프를 치고는 점심을 먹는 골프 동우회가 된 것이다.

처음 시작은 우리 교회에 다니는 사람들이 중심이 되었지만 이제는 절반이 다른 교회 또는 교회 다니지 않는 사람들이 되었다. 참석 멤버가 다 성실 근면 한 사람들이라서 골프 모임은 건전하고 지속적으로 유지되었다. 2대, 3대 회장단으로 가면서 매주 실적 집계를 더욱 체계적으로 하여 6개월 단위 누적 점수로 (FEDEX CUP 형태) 관리하니 회원들의 호응도 굉장히 좋아졌다. 그리고 3대에 오면서부터 골프 동우회 카페도 만들어서 그 카페에 여러 가지 공유할 정보와 자료들을 넣고, 월요일에서 금요일까지는 회원들이 출석하여 끝말잇기 등 다양한 활동을 하는 프로그램을 임원진끼리 만들게 되었다. 그래서 나는 매일 저녁 식

크리스천 자녀 교육, 결혼을 어떻게 시켰어요?

사 후 잠시 카페에 들어가서 앞에 끝말잇기를 연결해서 300자 내의 문장을 지어 마무리하는 활동을 했는데, 그것 또한 골프 치는 재미 외의 아주 지적인 재미가 있다. 우선 앞의 끝말잇기의 단어를 먼저 알아야 하고 앞뒤 단어들의 연결 문장을 생각해야 하니 낱말 공부도 되고 문장력도 좋아지고 또 치매 예방에도 도움이 될 것 같아서 나는 월요일에서 금요일까지 매일 카페에 들어가 약 15분 정도의 시간을 아주 즐겁고 흥미롭게 보내게 되었다. 그리고 4-5대에 와서는 스마트 폰을 이용한 밴드를 만들어 회원들끼리 쉽게 대화도 나누고 점수 관리 및 골프장 예약 정보를 실시간으로 공유할 수 있어서 아주 편리하게 되었다. 맥알랜 지역에 사는 한인들이라면 누구나 와서 함께 즐기면서 운동을 할 수 있는 유용한 MGA가 되기를 소망해 본다.

MGA(McAllen Golf Association) 창설 취지

- 맥알랜 지역 한인들 간의 골프 모임을 통하여 친선을 도모하고, 회원들의 건강을 증진하여 건강한 몸과 마음으로 즐겁고 신바람 나는 생활을 하기 위함.
- 장기적으로 지역 한인 사회에 도움을 줄 수 있는 건전한 골프 모임의 공동체.

함께 골프로 운동할 수 있는 친구(MGA 멤버)가 있어 행복하고 골프를 칠 수 있는 건강에 감사하고 골프를 칠 수 있는 여건(시간, 장소, 경제)에 감사하고 그래서 우리의 삶이 감사가 넘치고, 즐겁고, 신바람 나는 직장 생활과 가정이 되기 위한 회원들의 모임이 바로 MGA 공동체입니다.

대학 동기들의 모임

　　　　나는 중학교를 졸업하고 고등학교에 입학
할 때에는 일반 고등학교와는 다른 특수 고등학교를 가게 되었
다. 80년대 초에는 공업고등학교에서 기술을 가르쳐서 기술자
를 양성하는 학교가 인기가 있었다. 나 역시 기술자가 되어 빨
리 돈을 벌고 싶은 마음에 학비와 기숙사 비용 전액이 국비로 지
원이 되는 국립 부산 기계 공업 고등학교에 들어가게 되었다. 당
시 그 학교의 입학 조건은 중학교 성적이 5% 이내에 들어야 응
시를 할 수 있었다는 것이었고 입학 시험은 실습으로 뽑았다. 나
는 형님과 함께 입학 시험을 치러 갔고, 그 결과, 합격이 되어서
3년 동안 공부도 하고 기술도 배워서 국가 기능 정밀 가공사 기
계 중 선반에 대한 자격증까지 획득을 하였다. 그러나 3학년 때
마음이 바뀌어 대학 진학을 해야겠다는 마음으로 몇 개월 간 공
부를 하여서 결국 대학을 진학하게 되었다. 짧은 기간 동안 대
학 입시 공부를 하였으나 다행스럽게도 4년제 대학을 갈 수 있
었고, 그것도 입학 시 장학금을 받으면서 갈 수 있는 조건이 되
어서 무척 기쁜 마음으로 국립 금오공과대학교에 1회 입학을 하
게 되었다. 학교 생활을 하면서 책을 읽는 것이 좋아서 갈매기라

는 이름으로 독서 클럽을 만들고 초대 회장을 하게 되었다. 갈매기같이 더 높이 날아서 더 넓고 푸른 세계를 바라다보면서 꿈을 키우자는 의미로 내가 갈매기라는 이름을 아이디어로 내었는데, 여러 이름 중 그걸로 확정이 되어서 독서 클럽 이름으로 사용하게 되었다. 대학교 3학년이 되자 나는 다시 대학원을 가야겠다는 생각을 하게 되어서 진학 공부를 시작하였다. 공부를 하다 보니 두 개의 그룹 정도가 도서관에서 매일 공부하고 진학을 준비하는 모습이 보였다. 그래서 나는 두 개의 그룹으로 나뉜 8명에게 함께 공부하는 클럽을 만들자고 제안해 수업이 끝나면 함께 남아서 공부를 하기도 했다. 스터디 클럽 역시 독서 클럽과 같이 이름을 짓기로 하여서 여러 이름이 의견으로 나왔다. 그중 내가 제안한 하모니라는 이름이 확정이 되었다. 도레미파솔라시도의 8개의 음이 모여서 화음을 내고 아름다운 소리를 내는 음악이 되는 것과 같이, 8명으로 이루어진 하모니의 모임이 장기적으로 지속적인 이어질 수 있기를 바라며 그렇게 만들었다. 그로부터 약 35년이 지난 지금도 하모니의 모임은 활발하게 이루어지고 있다. 이제는 부부가 함께 모일 정도로 친해졌으며 경조사 때는 서로가 잘 방문하여 위로하고, 또 축척한 경조비 역시 하모니의 이름으로 한다. 지금 8명 중에서 공부를 하여서 박사 학위를 받은 사람이 3명, 대학 교수로 재직 중인 친구가 2명이며 대기업에 근무하는 친구가 3명 그리고 자기 사업을 하는 친구가 3명으로서 각자가 맡은 자리에서 그 역할을 잘하고 있는 친구들이 자랑스럽고 또 늘 그리운 마음이다. 나는 2000년도부터 가족과 함께 미국으로 나왔기 때문에 거의 2년에 한 번 정도는 한국에 나가는데, 내가 한국에 방문할 때에는 꼭 하모니 모임을 주최해 오랜만에 부부끼리 함께 모여서 1박 2일 동안 많은 이야기를 나누며 그동안 보지 못했던 그리움을 달래곤 해 왔다. 그리고 내가 한국에 가지 않아도 그 친구들은 매년 정기적으로 모임을 가지고 있으며, 하모니의 회장직은 한국에 있는 친구 7명이 돌아가면서 순번제로 1년씩 도맡고 있다. 참으로 아름답고 귀한 모임이란 생각이 든다. 앞으로 이 세상이 끝날 때까지 함께할 하모니의 모임이 있어서 더욱 행복한 마음이 든다.

동물 키우는 재미

나는 어릴 때부터 중학교를 졸업할 때까지는 농촌에서 자랐다. 그래서 농촌에서 농사를 짓고 또 동물들을 키우는 것을 나이 60이 다 되어 가는 지금도 무척 좋아하는 편이다. 그래서 우리집 뒤뜰에는 많은 채소를 키우고 또 여러 가지 동물들을 카우고 있다. 우리 집에 살고 있는 몇몇 동물에 대한 이야기를 나누고자 한다. 한 번은 나의 사랑하는 아들과 함께 사막에서 서식하는 거북이를 한 마리 구입했다. 약 $100 정도를 주고 사 온 지 3년 정도 되었다. 어른 손바닥만한 크기로서 지금부터 50년을 더 살 수 있는 것이라고 하였다. 추후 아들에게 물

크리스천 자녀 교육, 결혼을 어떻게 시켰어요?

려주어야겠다는 생각을 가지고는 재미있게 키우다가 곰곰히 생각해 보니 수컷 한 마리뿐이라 너무 외로워 보였다. 그래서 암컷 한 마리를 더 구입했다. 그리고 그 둘은 부부가 되었다. 두 마리가 함께 재미있게 살아가는 모습을 지켜보며 가끔 거북이의 머리도 만져 주고 목욕도 시켜 주고, 가족같이 지냈다. 가끔 거북이의 집으로 들어가면 멀리서부터 나의 발 앞으로 다가오는 그 모습에 더욱 정이 들었다. 그러던 어느 날 출근을 해서 운전을 하는 도중 도로 위에 커다란 거북이가 엉금엉금 기어가고 있는 걸 발견하였다. 나는 그 거북이를 조심스럽게 우리 집으로 데리고 와 기존에 두 마리가 살고 있던 거북이 집 우리 속에 넣어 주었다. 그런데 그 거북이는 우리 집에서 키우는 거북이보다 두 배 정도 더 컸고, 사막에서만 사는 것이 아니라 물과 육지를 오가는 거북이인 것 같았다. 그 큰 거북이가 집으로 들어오니 기존 거북이들이 도망을 가고 또 우리 밖으로 나가곤 해서 몇 번이나 잡아서 다시 넣었지만 결국에는 기존에 키우던 거북이 두 마리를 다 잃어버렸다. 어디로 갔는지 도무지 찾지 못해 아쉬운 마음으로 차 도로에서 주워 온 거북이도 그냥 가까운 공원의 저수지에 돌려보내 주었다. 두 평 남짓한 거북이 집이 텅 비어 있는 상태를 볼 때마다 마음이 허전하였다. 그런 마음을 가족들에게 이야기하고 또다시 거북이를 사야 하나 하고 고민하고 있던 중, 큰딸이 자신의 친구의 집에 놀러 가게 되었다. 원래 그 친구의 가족과 우리 가족은 가깝게 지내는 사이인데, 친구의 아버지가 수의사이며 동물 병원을 운영하고 있다. 근래에 땅을 사고 그곳에 새롭게 집을 짓고는 많은 동물들을 기르고 있었다. 약 10에이커 정도 되는 땅에 소, 양, 말, 개 그리고 거북이도 기르고 있었다. 나는 그 거북이 집을 보고는 깜짝 놀랐다. 어른 거북이가 알을 낳고 아기 거북이가 태어나 약 20마리 정도의 거북이들이 살고 있었기 때문이다.

큰딸이 그 친구의 어머님에게 우리 아빠가 거북이를 무척 좋아한다고 이야기를 했더니 친구의 어머님께서 거북이의 집을 잘 준비하면 거북이 두 마리를 주겠다고 약속을 하셨다. 그 조건은 땅을 1피트 아래로 파서 철망을 깔고 흙을 덮고 또 철망으로 테두리를 건실하게 하여 도망하지 못하게 하는 것이었다. 그래서 나는 아들과 함께 재료를 구입하여 대대적인 공사를 통해 거북이의 집을 마련한 후 약속대로 거북이 두 마리를 분양받아 왔다. 딸 친구의 어머님께서 상세하고 친절하게 설명을 잘해 주어서 참으로 고마웠다. 암수 두 마리를 분양받아서 키우는데, 먹이를 무엇을 주어야 하는지를 잘 몰라 여쭤봤더니 그 부분에 대해서도 상세하게 설명을 해 주었다. 거북이는 선인장과 상치를 잘 먹는다고 하면서 선인장 잎을 많이 주었고 또 추가로 채집이 가능한 야생 선인장이 많은 곳도 알려 주었다. 그 덕분에 나는 선인장 잎을 많이 가져와서 일부는 뒷마당의 이곳저곳에 심어 나중에는 그곳까지 가지 않고 집에서 그 잎들을 거북이에게 줄 수 있도록 해 두었다. 그리고 아들에게 인터넷으로 확인을 해 보라고 했더니 거북이는 우리나라의 무궁화와 같은 종류의 꽃을 좋아한다고 해서 그 꽃나무도 거북이 집에 한 그루 심어 주어 먹게

크리스천 자녀 교육, 결혼을 어떻게 시켰어요?

하였다. 거북이는 우리 집에서 말도 못 하고 나에게 아무런 도움도 주지 못하는 동물같이 보일지 모르나 그저 그 자리에서 건강하게 잘 자라 준다는 것 자체가 나에게 즐거움을 주고 있다. 아침에 일어나서 먹이를 주고 저녁에 퇴근해서 물을 주고 이렇게 돌볼 수 있는 동물이 나의 곁에 있으므로 내 삶의 지루함을 없애주고 또 흥미와 관심을 가질 대상이 있어 더욱 사랑스럽게 돌볼 수 있는 그 자체가 나는 참으로 좋다. 내가 거북이로부터 받는 것보다 아무런 보상 없이도 그저 거북이에게 베풀어 주는 그 자체만으로도 나는 행복한 삶이란 생각이 든다. 우리의 삶도 이와 같이 남에게 도움을 받기보다는 내가 어떤 보상을 바라지 않고 그저 베푸는 삶 그 자체가 행복하다는 것을 늘 느끼면서 살 수만 있다면 참으로 좋겠다는 생각이 든다.

또한 닭을 세 마리 키우면서 그 암탉의 알을 먹을 수 있도록 하였다. 집에서 키운 닭의 알이 일반 식품점에서 구입한 것보다 훨씬 맛이 좋았다. 특히 진노란색의 노른자가 더욱 고소한 맛이 나서 아침마다 삶아서 아침 식사와 함께 먹으니 건강에도 도움이 될 것으로 본다. 나는 어느 날 아기 오리와 아기 거위를 구입하여 키우기 시작했다. 그들은 닭보다 크므로 알도 더욱 크게 낳을 것이란 생각이 들어서 키우기 시작하였다. 오리는 수컷이었고 거위는 암컷이었다. 같은 종류의 동물은 아니지만 두 마리는 부부가 되어 아주 친하게, 늘 함께 지낸다. 거위는 어른이 되면서 집안의 도둑을 지키는 역할을 하였다. 옆집의 고양이가 오든지 파섬이 오면 큰소리를 지르며 뒷마당에 얼씬도 못 하게 하는 역할을 하므로 우리 집의 닭들도 고양이로부터 잘 지켜 주고 있다. 그러던 어느 날, 거위가 알을 낳았는데 계란의 두 배 반이나 더 큰 것을 낳았다. 2-3일에 한 번씩 알을 낳아서 한 개를 삶으면 집사람과 둘이서 나누어 먹어야 할 정도로 커다랗더랬다. 그야 말로 황금 알을 낳는 거위란 말이 생각이 난다. 닭들은 알을 낳다가 또 알을 품어서 병아리가 탄생하기도 했다. 때문에 뒷마당이 닭 소리, 오리 소리, 거위 소리로 가득해 조용한 아침에 하루의 시작을 확실하게 알려 주고 또 내가 뒤뜰에 가면 모이를 달라고 달려오는 그 모습에서 함께하는 즐거움을 느낀다. 그런데 어느 날 거위가 알을 낳지 않기 시작하였다. 그래서 오리와 거위를 가까운 공원의 저수지에 넣어 주어서 자연으로 돌아가게 하였다. 그러고도 일주일에 몇 번씩 공원에 가면 다른 오리와 거위 무리들 속에서 우리 집 오리와 거위가 여전히 부부로써 같이 다니는 것을 목격할 수 있어 참으로 귀한 부부라는 생각이 들었다.

가끔은 암탉들이 알을 낳다가 알을 품고 병아리가 나오기를 기다린다. 그런데 우리 집에는 장닭이 없기에 알들이 다 무정란이라 병아리가 나올 수가 없다. 그래서 병아리가 나올 수 있는 알을 구해 기존에 있던 것과 바꾸어서 품도록 해 주면 3주일 후에는 병아리들이 알을 깨고 나온다. 그런데 어미 닭이 병아리를 품고 잠을 잘 때에 파섬이란 동물이 와서 병아리를 잡아먹을 때도 있다. 그럴 때에는 무척 마음이 아파 파섬을 잡기 위해서 바나나에 파섬을 잡는 약을 넣어서 밖에 두면 밤새 다 먹고는 그 주변에서 죽어 있는 파섬을 볼 수가 있다. 그렇게 파섬들을 정리하고 나면 한결 마음이 안심이 된다. 집에서 거위를 키울 적에는 고양이나 파섬이 오는 것을 다 막아 주고 닭들을 잘 지켜 주었는데, 거위가 없으니 파섬과 옆집 고양이들이 자꾸만 우리 집 뒷뜰에 와서 성가시는 편이다.

지난해에 한국을 방문하여 나는 2주 만에 돌아오고 아내는 5주 정도 머물다가 왔다. 내가 먼저 집에 와서 보니 키우던 잉꼬 새 두 마리가 없어져 있었다. 종일 일하고 집으로 퇴근하면 반겨 주던 잉꼬 새는 없고 텅 빈 새집만 있는 게 너무나도 마음이 허전한 느낌이 들었다. 그래서 농장으로 가 기웃기웃하다 보니 예쁜 비둘기가 눈에 띄었다. 나는 얼른 흰색과 갈색 암수 한 쌍을 구입해서 새장에 넣어 두었더니 한층 보기가 좋았다. 비둘기는 사람과도 친하고 또 무엇보다도 암수 두 마리가 아주 금실 좋은 부부가 되어 살아가는 모습을 보니 어릴 때 부르던 노래 가사가 떠올랐다.

"비둘기처럼 다정한 사람들이라면 장미꽃 넝쿨 우거진 그런 집을 지어요 메아리 소리 해맑은 오솔길을 따라 산새들 노래 즐거운 옹달샘터에 비둘기처럼 다정한 사람들이라면 포근한 사랑 엮어 갈 그런 집을 지어요."

이 노래 가사처럼 비둘기 부부는 참으로 귀한 사랑을 나누고 또 그들의 다정한 모습을 통해 배울 점이 많았다. 특히 알을 낳고 품고 있을 때에는 부부가 번갈아 가면서 품고 또 새끼 비둘기가 태어나니 부부가 함께 먹이를 날라다 먹이면서 키우는 모습을 볼 수 있었다. 육아 교육, 집안 살림 등 모든 것을 비둘기 부부가 평등하게, 균등하게 하는 모습을 보면서 참으로 귀한 가족이고 행복한 비둘기 가족이구나 하는 감탄이 절로 나왔다.

비둘기는 1년에 4-5회 알을 낳고 한 번에 한 개 또는 두 개를 낳는다. 그래서 약 18-19일 정도 알을 품으면 새끼 비둘기가 부화되는데, 새끼 비둘기에게 먹이를 줄 때도 암컷과 수컷이 번갈아 가면서 준다. 새끼가 아주 어릴 때는 먼저 먹이를 입에 넣고 어느 정도 새끼 비둘기가 소화하기 좋게 만들어서 입속에 직접 넣어 주어서 새끼 비둘기를 키워 나가는 모습을 곁에서 지켜보는 것이 아주 흥미롭다. 요즈음은 비둘기가 많아져서 비둘기와 닭들의 사료를 사러 갈 때 비둘기 한 마리를 가지고 가서 사료 50파운드 한 포대와 바꾸어 온다. 즉, 사료는 비둘기로 바꾸어 오고 닭들이 낳는 알은 싱싱하니 별도의 사료비 걱정 없이 먹을 수 있게 되었다.

어느 날 칠면조와 닭의 반씩 빼닮은 뿔닭(Guinea fowl)이란 것을 누군가 키우고 있는 모습을 보게 되었다. 칠면조보다는 좀 작으며 꿩과 유사한데 꿩보다는 조금 크며 색상은 장끼와 유사하여 예쁘다. 주로 아프리카에서 서식하며 닭이나 칠면조만큼은 아니지만 가끔 가축으로도 길러진다. 남부 프랑스, 서인도 제도, 미국 등지에서 길러진다. 한국에서는 가축보다는 주로 동물원에서 전시용으로 기르고 있다.

어느 날 농기구와 병아리, 새 등을 파는 가게에 들렀는데 그곳에서 새끼 뿔닭을 팔고 있었다. 그래서 나는 네 마리를 사서 집에서 키우기 시작했다. 새끼 뿔닭들은 아주 민첩하고 날개가 어느 정도 자라니 높이 뛰어 날기도 하고, 귀엽게 잘 자라는 모습이 무척 즐겁게 해 주었다. 그러나 어느 날 한 마리가 사라졌다. 날아서 뒷집으로 가기도 하고 여기저기 잘 돌아다니던 뿔닭 한 마리는 잃어버리고 세 마리를 키우고 있었는데, 유독 한 마리가 너무 요란하게 소리를 내며 시끄럽게 하였다. 그래서 그 한 마리도 농장으로 보내고 나머지 두 마리를 키우기로 했다. 두 마리의 뿔닭은 어른이 되니 몸무게가 무거워져 높이 날지는 못하고 닭과 같이 집에서 키우기에 적당하다는 생각이 들었다. 그런데 이 뿔닭을 키워 보니 아주 좋은 점 세 가지를 알게 되었다. 첫 번째로, 사람과 아주 친근하게 지낸다. 가까이 왔을 때 손으로 만지면 편하게 만질 수 있도록 땅에 바짝 엎드렸다. 또한 겁이 없으며 오히려 쓰다듬어 주는 것을 좋아한다. 두 번째로는 하루에 거의 한 개씩 알을 낳아 준다. 계란보다는 조금 작지만 껍질이 아주 두껍고 노른자는 단단하며 삶아서 먹으면 맛이 아주 좋은 편이다. 그리고 뒷마당에 낯선 사람이 오거나 고양이 파섬 등이 오면 머리를 높이 들고는 꿱꿱 하며 여러 마리가 함께 소리를 지른다. 즉, 도둑을 지키는 역할을 하는 셈이다. 사람들에게 세 가지 이상의 이로운 점을 주는 동물로서 집에서 계속 키워 보고 싶은 동물들 중에 한 종류라고 기분 좋게 누구에게도 말하고 싶은 것이다.

운동을 좋아하는 취미

나는 어릴 적에 축구를 아주 좋아했다. 초등학교 때 학교에 한 시간 일찍 도착해서 아침에 첫 수업을 시작하기 전까지 축구를 하고는 수업에 들어갈 정도로 좋아했다. 초등학교 축구 선수로 다른 학교와 대회를 할 때에도 대표 선수로 뛰었으며 중고등학교 때는 고향의 마을 대항 축구를 할 때도 동 대표를 하면서 축구를 즐겼다. 한국에서 직장 생활을 할 때에도 그리고 교회에서 예배를 마치고 나서도 함께 축구를 하면서 즐거운 시간을 보냈다. 미국으로 오면서 함께 축구할 사람들이 없으니 혼자서 할 수는 없고 또 나이가 들면서 축구를 하다가 다치는 것도 위험하니 다른 취미 생활을 찾아서 할 수밖에 없었다. 그리고 초등학교와 중학교 때는 씨름을 잘하여서 학교의 운동회 때마다 대회에 나가 1등을 했고, 달리기 대회에서도 늘상 1, 2등을 했던 운동 선수였다. 그렇다고 해서 운동 선수가 될 정도는 아니고, 그만큼 운동을 좋아했고 즐거워했다는 것이다. 그러나 직장 생활을 시작하면서부터는 운동할 기회가 적어졌으며, 미국으로 온 이후에 그나마 할 수 있는 운동으로 찾은 것이 토요일에는 골프를 치고 주중에는 걷기 운동과 헬스장에 가는 것이었다. 이는 곧 나의 취미가 되었다. 월요일, 화요일과 금요일 저녁에는 헬스장에 가서 30분을 걷고 그다음에는 몇 종류 운동 기구를 이용해서 근력 운동을 한다. 그리고 목요일 저녁에는 가까운 공원에 나가서 가까운 동네 친구와 함께 한 시간 동안 약 4마일을 걸으면서 이런저런 많은 이야기들을 나누는 게 한 주 중 많이 기다려지는 시간이 되었다. 주일에는 오전에 교회에 가서 예배를 드리고 점심식사를 한 후에 오후 3시 반부터 5시 반까지 아내와 함께 나무가 있고 야생 동물들이 많이 살고 있는 가까운 텍사스 주립 공원에서 등산을 하며 이런저런 이야기를 나누는 것 역시 무척 기다려지는 일과 중 하나이다. 그렇게 등산을 하고 나면 저녁식사가 얼마나 맛있는지 모른다. 나이가 들수록 운동은 필수인 것으로 느껴진다. 자연과 함께 걸을 때에는 신선한 공기를 마시어 좋고 눈으로 나무와 꽃, 그리고 새들과 나비들을 보면서 걸을 때에는 나 자신이 늘 그 자리에서 봄, 여름, 가을, 겨울을 지키는 나무가 된 것 같기도 하고 또 사뿐사뿐 날으면서 꽃을 찾아다니는 나비가 된 것 같은 느낌을 받을 때도 있어서 참으로 좋다.

5부

힘들고 어렵지만 지키고 싶은 믿음

직장 생활과
신앙생활의 갈등

나는 TV 부품을 연구하는 설계실에서 플라이팩 트랜스포머의 기구 설계를 하면서 원가 절감형 부품을 설계하여 자동화 생산이 가능한 획기적인 부품을 설계했다. 때문에 생산성을 두 배로 올리는 경이적인 성과를 내어 진급도 빠르게 되었다. 설계실에서 연구하는 업무를 7년간 한 후 나는 좀 더 활동적이고 큰 기계와 공장을 관리하는 생산 기술 팀장으로 자리를 옮기게 되었다. 생산 기술팀에서 근무하는 동안 일본에서만 구입하던 DY 권선기 기계와 FBT 에폭시 주입기 장비를 국산화하는 데에 성공을 하게 되었다. 그리고 생산 기술팀은 우리 공장에서 가장 강한 팀워크를 바탕으로 업무 효율화가 향상되었고, 또 각종 사내 운동 경기인 축구, 족구, 배구, 등에서 항상 우수한 성적으로 상위에 있었다. 특히 족구는 최고의 강팀으로 늘 1등 자리를 차지하였다. 나는 3년간 생산 기술 팀장으로 근무하다가 업무 영역을 넓혀야 앞으로 더 큰일을 맡을 수 있는 기회가 올 것으로 판단되어 제조 팀장으로 부서를 옮기면서 40여 명의 직원에서 300여 명의 직원이 있는 부서의 책임자가 되었다. 그리고 과장에서 부장으로 승진을 하면서 더 큰일을 맡게 되었던 것이다. 이때부터 나는 노동조합의 간부들과 자주 회의도 하게 되고 또 저녁 식사 자리도 같이하게 되면서 여러모로 많은 일들로 바쁘게 지내게 되었다. 특히 주일날에도 현장에 생산이 되는 일들이 있어서 출근을 해야만 하는 일들이 생기기 시작했다. 나는 주일날은 교회에 가서 예배드리는 것을 항상 최우선으로 여기고 신앙생활을 해 왔는데, 난감한 일들에 직면하게 되었다. 그러나 나는 아침 일찍 출근해서 현장을 둘러보고 주일날 예배 시간에는 꼭 교회에서 예배를 드리는 습관을 들였다. 어느 날 비가 억수같이 쏟아지고 홍수가 나서 외주 업체 건물 내에 물이 들어가서 기계들이 멈추는 비상사태가 벌어졌다. 그래도 나는 현장을 둘러보고는 예배 시간만큼은 빠지지 않도록 했다. 그러다 보니 상사의 눈에는 별로 좋게 보이지는 않았을 것으로 본다. 하지만 나는 누가 뭐라고 해도 주일날 예배드리는 것은 빠지지 않는 그런 신앙을 가지고 살아가고 있었다. 나에게 이러한 신앙을 물려주신 어머니에게 평생 감사하고 고맙게 생각하고 있다. 저녁 때마다 노조 위원들과 회식 자리도 많이 가지게 되었다. 나는 술자리가 있는 회식 자리에 가고 싶지 않아도 단체 팀워크 차원에서 빠지지는 못하고, 함께 저녁 식사 자리에 참석하면서 회사 생활을 두고 많은 갈등을 하면서도 주일날만큼은 교회에서 예배를 드리고 지은 죄를 회개하고 용서를 받기 위해서 눈물로 부르짖기도 하는 나의 모습이 그려졌다. 내면에서 이대로 계속 이렇게 직장 생활을 해야 하는가 하고 갈등을 하기 시작했다. 그러던 중 나는 해외 근무를 한 번 해야겠다는 생각을 하고는 해외 근무 신청을 하여서 인도네시아에 나가는 것으로 신청하고, 사내 강의를 통해 인도네시아어 공부를 수강했다. 해외에 나가면 신앙생활과 회사 생활의 갈등이 적을 것이고 또 5년 정도 근무하고 나면 경제적으로도 많이 도움이 된다는 생각으로 꼭 나가고 싶은 마음이 들어 준비 중에 있었다. 어느 날은 상사가 불러서 내게 이런 제안을 하였다. 미국 출장을 2주 정도 다녀오고 출장을 무사히 다녀온 후 한 달 뒤에 1년간 그 출장 지역에 파견 근무를 하겠느냐는 것이었다. 마침 나는 해외 근무를 하고 싶어 하던 차에 아주 흔쾌하게 대답을 하고 1년간 해외 공장 파견 근무를 하기 시작했다. 미국 텍사스주의 멕시코 국경 도시에서 거주하며 매일 멕시코에 있는 TV 공장으로 출근을 하였다. 월요일부터 금요일까지는 매일 국경을 넘어서 출퇴근하지만 토요일에는 동료들과 골프를 칠 수 있어서 좋았고, 주일이면 교회에 가서 예배를 드릴 수 있어서 너무 좋았다. 그리고 이곳은 저녁 회식 같은 게 거의 없어서 너무 좋았다. 1년 동안 파견 근무를 하면서 나는 나의 가족들에게 미국에 주재원으로 나올 수 있도록 기도를 하자고 했고, 온 가족이 열심히 기도하기 시작했다. 가족들을 한국에 두고 혼자 나와서 근무를 하다 보니 늘 보고 싶은 가족 생각으로 마음이 외로울 때가 한두 번이 아니었다. 그래서 더욱 열심히 가족이 함께 이곳으로 나와서 지낼 수 있는 주재원이 되기를 간절히 날마다 기도하던 중, 2000년 2월 15일, 드디어 나의 가족들이 미국으로 오게 되었다. 5년의 임기로 미국에 거주하는 비자를 가지고 온 가족이 미국 텍사스에 거주하기 시작했다. 얼마나 기다리고 기다리던 결과인가. 하나님께 감사하여 눈물이 흘러내리고 하나님 말씀 가운데 살겠다는 다짐을 더욱 해 본다. 미국으로 온 이후에는 주일마다 온전히 예배를 드릴 수 있어서 너무 좋았다. 주일 학교 교사도 하고 성가대도 하고 또 구역장도 하면서 주의 일을 참 열심히 할 수가 있었다. 한국에서는 억지로라도 마셔야 했던 술도 이곳에서는 억지로 마실 이유도, 그럴 일들도 없어서 너무 좋았다. 나는 담배를 평생에 딱 한 번, 한 개피를 피워 보았다. 고등학교를 졸업한 후 그냥 한 번 입에 물고 흡연을 해 보았는데 그 연기가 나의 속과 마음을 다 타게 하는 느낌이 들어서 그 이후에는 한 번도 피워 본 적이 없고, 앞으로도 피울 일이 없을 것이다. 그러나 술은 한국에서 직장 생활을 하며 마시고 싶어서라기보다 전체 분위기에 맞추어 함께 어울려야 하는 상황이라 조금씩 마셨다. 미국으로 오면서부터는 그렇게 술을 마실 이유가 없고, 또 내가 좋아하지도 않고 나의 신체 특성상 알코올이 상응하지도 않으니 하나님께서 나에게 아주 좋은 신체적 조건을 주시어 술을 끊을 수 있게 해 주신 것도 참 감사할 일이란 생각이 든다. 나는 멕시코에 있는 TV 부품 공장의 공장장을 도맡고, 멕시코 현지인 약 800여 명의 종업원이 있는 책임자로서 매일 아침 일찍 출근하여 저녁 늦게까지 열심히 일을 하게 되었다. 그리고 교회에서도 맡은 일에 충성하며 주의 일을 위하여 열심히 뛰고, 또 말씀 가운데 살려고 노력을 하였다. 그 결과, 2007년

크리스천 자녀 교육, 결혼을 어떻게 시켰어요?

5월, 내가 출석하고 있는 교회에서 장로로 안수받고 시무장로가 되었다. 신앙생활과 직장 생활 사이에 여러 가지 갈등이 있었지만 주님의 은혜 가운데 신앙생활의 승리로 그 갈등의 종점을 찍은 느낌이 들었다. 이제 나는 장로라는 직분을 가지고 있으니 장로의 직분에 맞게 처신하고 모범적이고 솔선수범해야 하겠다는 다짐을 하게 되었다. "나의 힘이 되신 여호와여 내가 주를 사랑합니다. 여호와는 나의 반석이시요, 요새시요, 나의 도움이십니다. 여호와는 나의 하나님이십니다."라며 매일 아침 일어나면 고백하고 저녁에 잠들기 직전 고백하면서 하나님께 날마다 감사하는 마음으로 살아가고 있다. 참으로 감사한 마음 그지없다.

신앙적으로
가장 힘들었던 시절

주재원으로 미국으로 나와서 임기가 끝나고 이곳에서 휴대폰 대리점 사업을 하다 보니 경제적인 어려움을 겪기보다는 신앙생활에 또 다른 어려움을 많이 겪었던 것 같다.

한국에서 30대 후반까지 생활하는 동안 모태 신앙으로 자라서 고신에 속한 교회에 계속 다녔다. 그래서 주일 예배는 물론이고 수요 예배, 금요 철야 예배, 매일 드리는 새벽 기도회 등에 익숙한 나로서는 2000년도에 미국에 오면서 신앙의 자유를 얻었다는 생각도 잠시였다. 오히려 한국에서 끝까지 지키려던 신앙 생활이 미국에 오면서 어려움을 맞이하게 되었다. 미국의 큰 도시이면 교회가 여러 개 있어서 내가 원하는 교회를 찾아가면 되지만, 내가 처음 찾은 텍사스 남부의 맥알렌이란 소형 도시에는 한인 교회가 하나밖에 없었다. 그래서 선택의 여지가 전혀 없었던 것이다. 그래도 한인 교회가 있음에 감사한 마음으로 참석하여 예배를 드렸다. 제일 먼저 어색했던 것은 주일날 식당에 가서 밥을 먹는 것이었다. 한국에서는 주일날 물건을 살 일도 없이 교회만 가던 습관이 있었기에 생각지도 못해 보았던 일인데, 여기서는 교회의 장로님들과 목사님이 함께 주일날 식당으로 가서 함께 식사를 하는 것이었다. 그 당시 나의 신앙적 정서에는 참으로 맞지 않아서 한동안 많은 애를 먹었다. 그러나 미국 생활 10여 년이 지난 이후부터는 이곳 미국에서의 생활 패턴을 이해하게 되면서 주일날 식당에서 식사를 하는 것에 대해서는 큰 어려움을 느끼지 않을 수 있게 되었다. 그러나 예배가 주일 예배와 토요일 아침에 한 번 드리는 새벽 기도회 정도밖에 없어서 주중에 교회에서 예배를 드리는 게 많이 그리워졌다. 한 번은 교회에서 예배를 마치고 주일 오후에 한인 초청 골프 대회를 한다는 소식이 들려왔다. 나는 참석을 하고 싶지 않았지만 교회의 단체 행사인지라 억지로 참석하게 되었다. 그러나 그날 이후 나는 어떠한 일이 있어도 주일날에는 그냥 한국에서와 같이 예배를 드리고 쉬는 것으로 하지 그런 행사에 가지 않겠다고 다짐하여 공식적으로 선언을 했다. 그리하여 그 이후에는 토요일에 하게 되었던 것이다.

내가 어릴 때부터 배워 오고 또 익숙하게 지켜 왔던 신앙관이 흔들리려 하던 그때가 나에게는 가장 힘든 이민 생활이었다는 생각이 든다. 나 이외에도 많은 교인들이 비슷한 마음으로 교회에 좀 더 자주 모여서 예배를 드리고 싶고, 교회에서 하나님께 부르짖으며 함께 기도하는 시간들을 더 가지기를 원했다. 그리하여 나는 교회의 교인들을 대표하는 장로로서 신앙의 양심을 가지고 하나님께서 기뻐하시는 더 많은 예배와 더 많은 기도 모임을 갖기를 강하게 어필을 하였다. 그 결과, 2017년부터 수요예배가 신설이 되어서 주중에 교회에서 예배를 드릴 수 있음에 하나님께 영광이요, 하나님께 감사를 드린다.

이민 교회의 특징을 감안하여 그리고 많은 교인들의 심정을 헤아려서 교회에 미래 지향적인 교회라는 제목으로 제안서를 만들어 제출하기도 하였다. 그 내용들을 잠깐 소개하고자 한다.

미래 지향적인 교회가 되기 위해서는

우리 성도들의 삶의 목적은 하나님의 영광을 드러내는 삶을 살아가는 것입니다.

하나님께서 우주 만물을 창조하시고 마지막으로 사람을 만드시고 "하나님이 그들에게 복을 주시며 하나님이 그들에게 이르시되 생육하고 번성하여 땅에 충만하라, 땅을 정복하라,

바다의 물고기와 하늘의 새와 땅에 움직이는 모든 생물을 다스리라 하시니라". (창 1:28)하나님께서는 우리 사람들에게 성경 말씀을 그

대로 순수하게 믿고 순종할 때에 그리고 하나님의 축복과 은혜를 사모하는 자에게 하나님께서 예비하신 모든 축복과 은혜를 주시고 싶어 하십니다. (민 6:22-27)

그러나 우리 사람들이 죄를 짓고 말씀 가운데 살아가지 못하는 것을 보시고 불쌍히 여기시고

하나밖에 없는 독생자 예수 그리스도를 이 땅에 보내 주시어 십자가의 보혈로 우리의 모든 죄들을 우리가 회개하고 용서함을 구할 때 용서해 주시고 자녀로 삼아 주시고 우리를 구원해 주신 하나님의 은혜에 날마다 감사함을 고백할 수밖에 없는 자들이 바로 우리들입니다.

천국 백성으로 회복되어 하나님의 자녀가 된 우리는 하나님 말씀 순종하며 살아가고

하나님께서 예비하신 축복들을 누리며, 감사하며 살아갈 수 있기를 하나님께서는 원하고 계십니다. 그래서 늘 우리들을 사랑하시고 인내해 주시고, 용서해 주시는 하나님의 그 은혜에 항상 감사하고 고마움을 표현하는 삶을 살아가는 자들이 되어야 하겠습니다.

미래 지향적인 교회를 위한 제안

미래 지향적인 교회가 되기 위해서는 이미 많은 교회들 중 영적, 질적, 량적으로 크게 성장한 모범적인 교회들이 잘하고 있는 것들을 밴치마킹 하여 우리 교회의 특성에 맞

게 잘 적용하여 나아간다면 우리 한인 교회 또한 성도들의 영적인 성장과, 교회의 양적 성장이 충분히 가능하다고 봅니다. 지금까지 우리 교회의 많은 성도님들의 의견과 소망들을 모아서 미래 지향적인 교회가 되기 위한 여덟 가지의 안을 제안합니다.

하나님 중심적인 교회

교회의 주인은 하나님이시고 예수님의 피 값으로 세워진 주님의 몸 된 교회입니다.

그래서 이 교회의 주인은 결코 사람이 될 수가 없습니다.

우리의 신앙은 처음부터 끝까지 하나님 중심의 삶이 되어야 하겠습니다.

하나님의 영광을 위한 삶을 살아가며 하나님의 방법과 뜻을 간구하는 삶이 되어야 하겠습니다.

인간적인 면에서 목사, 장로의 편이 되어서는 안 됩니다.

사람 중심이 아닌 오직 하나님 중심으로 바로 세워져 가는 교회가 되어야 하겠습니다.

하나님 말씀 중심적인 교회

우리들의 삶의 지침은 하나님 말씀이고, 우리들 자녀의 교육 지침도 당연히 하나님의 말씀이라고 생각합니다.

매일매일 삶에서 우리는 밥을 먹고 살듯이 우리의 영혼도 매일 말씀을 묵상할 때에 늘 하나님과 동행하는 삶이 되어질 수 있는 것입니다.

우리가 말씀을 가까이하지 않고, 날마다 기도를 하지 않으면 우리의 영은 점점 메마르고 힘들어져서 세상과 가까워지는 삶으로 돌아갈 것입니다.

그래서 우리는 항상 말씀을 묵상하며 가까이하고 예배를 통하여 말씀을 듣고 또 성경 공부반을 통하여 말씀을 제대로 깨닫는 시간들이 필요로 한 것입니다.

현재 제자반, 사역반 외에도 초신자반, 제자반 이후의 생명의 삶 등을 나누는 성경 공부반들이 개설되어지면 성도님들에게 신앙의 도움이 될 것입니다.

교회 중심적인 교회

우리들의 신앙생활이 교회와 성도님들을 생각하며, 먼저 하나님의 복음 사역에 앞장서는 교회가 되어야 하겠습니다.

하나님의 복음 사역과 교회에 득이 되고 성도님들에게 덕이 되는 쪽으로 교회의 재정과 활동들이 일어나는 게 바람직하다고 봅니다.

교회가 해야 할 일들 중에 선교 사역, 자녀들의 신앙 교육, 성인들을 위한 신앙 교육 등에 재정과 모든 활동이 우선적이 될 때에 더욱 미래 지향적이고, 영적, 질적, 량적 성장이 되어지는 교회가 될 것입니다. 현재 우리 교회의 재정과 활동 구조는 상기와 같은 방면으로 변화가 꼭 필요로 하다고 볼 수 있겠습니다.

예배와 기도에 충실한 교회

하나님께서 기뻐하시는 예배에 충실하고 또 우리의 영혼의 호흡인 기도를 날마다 할 수 있는 교회가 되어야 하겠습니다.

물론 삶이 곧 예배라고 하지만 교회에 모여서 함께 찬양드리고 함께 예배드리는 것을 하나님께서 더욱 기뻐하시고, 성장하는 교회들의 80% 이상이 잘하고 있는 시스템을 우리 교회도 잘 따라 할 때에 우리 교회도 지속적으로 영적으로, 질적으로, 량적으로 성장이 가능하겠습니다.

그것이 주일 예배 외에 수요 예배의 정착화 그리고 교회에 모여서 함께 기도

하는 기도회의 활성화(평일 새벽 기도회, 권사 중심의 기도회 등등)가 필요로 하다고 봅니다.

예배와 기도가 살아날 때에 성령님의 역사가 일어나는 것입니다. 성령의 능력과 성령의 체험이 있는 교회가 되어서 영적인 성장을 위한 교회가 되기 위해서는 가장 기본적인 예배와 기도에 충실한 교회가 되어야 하겠습니다.

다양한 신앙적인 특징을 가진 성도들을 포용하는 교회

이민 교회의 구성원들은 정말 다양합니다. 신앙의 정도, 기존 신앙관의 차이(장로교, 침례교, 감리교 성결교 등), 개인의 개성 등 많은 것들이 다른 사람들이 모인 곳이 이민 교회의 특징입니다. 특히 지역 특성상 그만큼 자신이 원하는 교회를 찾기가 어렵고 한정된 교회의 테두리 안에서 신앙생활을 할 수밖에 없는 실정입니다.

교회 성장 이론을 성서적 신학적으로 제시한 유명한 도날드 맥가브란이 미국 풀러 신학교에서 강의한 내용에 의하면 교인들을 크게 세 종류로 분류하였습니다.

- 깨어서 활발하게 일하는 교인
- 살짝 자고 있는 교인
- 푹 자고 있는 교인

교회의 리더는 깨어 움직이는 교인들과 활기차게 일해서 살짝 자고 있는 교인들을 깨워야 한다고 합니다. 그리고 푹 자고 있는 교인들은 건드리지 말라는 것입니다. 푹 자고 있는 교인을 깨우면 깨고 나서 신경질부린다는 것입니다.

활기차게 깨어 움직이는 교인들을 말씀과 기도로 잘 무장시켜 나아가야 하겠습니다.

살짝 자고 있는 교인들이 원하는 방향으로 교회 활동이 너무 집중되어지면 교회는 영적으로 힘들어지게 되고 성장에 한계가 오게 되는 것입니다.

말씀 선포에 있어서도 꾸짖는 말씀보다는 칭찬하고 격려하는 말씀이 마음을 움직이고 스스로 더 잘하고 싶은 도전을 받게 되는 것입니다.

사랑과 은혜의 메시지, 감사와 감격의 메시지, 용기를 북돋워 주고 희망을 주는 메시지.

그래서 성도님들이 하나님 말씀에 잘 순종하며 살아가는 자들에게는 자손 대대로 하나님의 축복(출 20:6)을 누리는 가정들이 된다는 확신을 가지고, 늘 하나님과 동행하며 성령의 충만함으로 영적으로 깨어 있는 아름다운 교회가 되기를 간절히 소망합니다.

사랑과 공의 진실과 진리가 바로 서 있는 교회

하나님께서 사랑의 하나님이시고 동시에 공의의 하나님이시듯, 교회는 사회의 어떤 단체나 다른 종교보다도 특히 사랑이 넘침과 동시에 또한 공의가, 진실이, 진리가 바로 서야 합니다.

특히 영적 리더들이 이러한 것들을 가볍게 여기어 교회가 힘든 경우가 많은 경향이 있습니다.

우리 교회도 예외가 될 수가 없는 것입니다. 하나님의 사랑과 공의 그리고 진실과 진리가 똑바로 세워져야 누가 보아도 교회가 세상의 모범이 될 수 있으며 그럴 때에 세상 사람들이 교회와 교인들을 인정하고 자신도 믿고 싶은 마음이 들게 될 것입니다.

정기적인 당회를 통하여 교회와 교인들의 어려움을 돌봐야 합니다

장로교는 당회가 있으며 그 당회를 통하여 교회의 여러 제반 사항을 점검하고 또 성도님들의 애로 사항 등을 공유하고 함께 기도하고 또 필요시 심방 등을 통하여 그 가정의 애로 사항을 신앙적으로 해결하도록 도와주는 역할을 할 때에 교회는 건강하고 든든하게 성장해 나아갈 수 있다고 봅니다. 당회장과 당회는 가정의 부부와 같은 역할을 한다고 봅니다.

그래서 서로 합력하여 선을 이루어 나갈 수 있도록 리더는 그 모임을 한마음이 되도록 해야 합니다.

교회의 장로는 교인들을 대표해서 교인들의 의견을 청취하고 그것을 당회에 거론하여 의논하고, 또한 함께 교회와 교인들을 위해 당회가 기도하면서 하나님과 사람들이 보기에 참으로 아름다운 교회를 만들어 나갈 수 있다고 봅니다. 당회를 목회자 자신의 필요성에 따라서 임시로 열고, 교회가 진정으로 필요로 한 것 등을 위해서는 정기적인 당회를 하지 않는 것은 교회와 교인들을 더욱 힘들게 만들 수 있습니다.

가능한 개인의 필요를 좀 희생해서라도 교회와 교인들을 먼저 생각하고, 정기적으로 회의를 하는 당회가 될 때에 교회가 더욱 발전하고 성장할 수 있다고 봅니다.

구제와 선교에 앞장서는 교회가 되어야 합니다

오늘날 한국 교회가 많이 부패하였다고들 합니다. 그리고 신자들의 숫자가 증가하지 않고 오히려 감소하는 추세로 보고 있습니다. 그 이유가 무엇일까요? 교회가 재정이 많이 생기면 교회 건물을 크게 짓고 또 돈 때문에 목회자의 부정부패가 많이 발생하는 모습들을 세상 사람들이 보면서 교회에 출석하고 싶은 마음이 사라지게 만드는 것입니다. 그러나 자신의 교회 건물을 크게 높이 올리는 것보다도 주변의 불쌍한 사람들을 도와주고 또 멀리 빈곤한 국가에서 어렵고 힘들게 선교하는 선교사를 돕고, 가난하여 배고프고 굶주린 사람들을 돕는 교회에는 많은 사람들이 모여들 수 있게 됩니다. 예수님께서는 마태복음 6장 33절에 "그런즉 너희는 먼저 그의 나라와 그의 의를 구하라 그리하면 이 모든 것을 너희에게 더하시리라" 하셨습니다. 교회이든 가정이든 우리는 이 말씀을 기억하고 복음을 확장하는 일에 앞장서고, 힘들고 어려운 이웃을 돕는 일에 우선적인 마음과 행동을 하는 것이 진정한 주님의 뜻을 이루는 교회와 가정이 될 수 있다고 봅니다.

위의 미래 지향적인 교회에 대한 제안서는 이민 사회에서 신앙생활 하면서 느낀 것을 평신도로서 적어본 것이지 목회를 하면서 한 것은 아니다. 나는 목회자가 아니다. 그래서 그저 제안 정도이고 그 내용들은 목회를 하는 이민 교회의 목회자가 보고 조금이라도 도움이 되어서 이민 교회들이 말씀 가운데 건강하게 잘 성장해 갔으면 하는 바람으로 함께 공유하게 되었습니다.

하나님의 뜻은 어디에 있을까?

미국에서는 그 도시에 거주 중인 한인의 숫자를 알면 그곳에 한인 교회가 약 몇 개 정도 있는지 대략적으로 맞힐 수가 있다. 정확한 데이터는 아니지만 한인 200-250명당 교회 하나가 있다고 보면 거의 맞는 것 같다. 내가 거주 중인 텍

크리스천 자녀 교육, 결혼을 어떻게 시켰어요?

사스 맥알렌 지역에도 2000년 2월, 내가 처음 왔을 때에는 한인이 약 300여 명이 거주한다고 들었다. 그때에는 한인 교회가 하나밖에 없었다. 그러나 2018년도에는 한인이 약 900-1000명 정도 거주 중인 것으로 예측이 된다. 그렇다면 지금 이곳에 교회가 몇 개일까 하고 돌이켜 보니 2001년도에 2개였던 교회는 2008년도에 3개가 되었으며, 2018년도에는 다섯 개의 교회가 되었다. 기존 교회가 내부의 문제들로 갈라서서 여러 교회가 되어지는 과정을 보며 과연 하나님의 뜻은 어디에 있을까 하는 마음이 들었다. 교회가 둘로 갈라짐의 아픔을 겪을 때마다 교회가 갈라서지 않았으면 하는 마음에 새벽마다 교회로 나가 하나님께 간절히 울부짖으며 기도를 드렸다. 그리고 하나 된 교회가 되도록 하기 위해서 많은 노력을 해 보았다. 그렇지만 약 20년 동안 두 번에 걸친 교회의 분열을 지켜보면서 하나님께 많은 원망도 해 보고 나 자신의 기도와 노력이 잘못된 기도였는가 하는 마음이 들면서 한때 실망감이 많이 들었다. 그런데 나의 어머니가 천국으로 가시고 장례식을 은혜스럽게 모두 잘 마치고 미국으로 돌아오면서 곰곰히 생각해 보니 기도 중에 하나님께서 주시는 성령의 감동으로 편안한 마음이 들기 시작했다. 모든 것을 하나님께 맡기는 삶을 살아야 하겠다는 마음을 주시었다. 그리고 어느 교회든 목회자가 하나님의 말씀을 올바르게 잘 선포하고 또 여러 종류의 다른 특징을 가진 성도들을 잘 포용하여 갈 수가 있다면 큰 교회로 성장이 가능할 텐데, 두 차례 교회의 분열을 보면서 아주 아쉬운 마음이 들었다. 어느 쪽이든 한쪽으로 너무 치우

치면 그 반대쪽에서 거부감이 들 텐데, 그러한 것을 조화롭게 포용하지 못하므로 많은 성도들이 힘들어하고 신앙적으로 어려움을 겪으면서 이민 교회가 나누어지는 현상을 겪게 되었다. 하나님께서는 이런 스타일이든 저런 스타일이든 남다른 신앙관일지라도 동일하게 모든 사람들을 사랑하시는구나 하는 마음이 들었다. 그리하여 하나의 교회 안에서 서로 다른 스타일이 매주 만나 물과 기름같이 함께 어울리지 못하기보다는 서로 마음이 맞고 신앙 스타일이 유사한 사람들끼리 모여서 재미있게 즐겁게 신앙생활을 잘하라는 뜻으로 받아들여졌다. 장로교 한인 교회만 있던 지역에 장로교 중에서도 고신, 통합, 미국 장로교(PCUSA), 초교파 장로교 그리고 침례교까지 다섯 교회가 있게 되었다. 지금와서 생각해 보니 그저 모든 게 감사한 마음이 들기 시작했다. 그래서 하나님께서 만드신 사람은 모두가 사랑하며 살아가야 한다는 생각이 내 마음에 자리를 잡으니 평안해지는 느낌이 들기 시작했다. 이제는 '이 교회든 저 교회든 모든 교회가 하나님의 교회이며 예수님의 피 값으로 세워진 교회이다'라고 생각하고, 모든 교회가 다 영적으로 질적으로 성장하는 교회들이 되었으면 좋겠다는 마음을 주신 하나님께 감사한 마음이 든다.

6부

나의 신앙 에세이

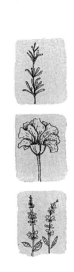

삶의 목적을
어디에 둘 것인가?

하나님께서 천지 만물을 만드시고 하나님의 보시기에 좋았더라고 하시고는 하나님의 자기 형상 곧 하나님의 형상대로 사람을 창조하시되 남자와 여자를 창조하시고 하나님이 그들에게 복을 주시며…(창 1장 26-27)라고 최초의 사람에게 약속을 하시었습니다.

그 이후 그 약속대로 복을 누리며 살아야 할 우리들에게는 커다란 문제가 생겼습니다. 하나님께서 먹지 말라 하시었던 에덴 동산의 선악과를 따먹으므로 사람으로서 최초의 죄, 원죄가 생겼고 그리하여 하나님과 점점 멀어져 가고 또 세상에서 수많은 죄를 지으며 살아가는 사악한 사람들을 보시고 불쌍히 여기신 하나님 아버지께서 이 땅에 하나밖에 없는 독생자 아들 예수 그리스도를 보내 주시었습니다.

그리고 그 예수님은 우리들의 모든 죄를 대속해 주시기 위해서 친히 십자가에 못 박히시어 돌아가셨다가 삼 일 만에 부활하시어 사십 일 동안 이 세상에 계시다가 하늘나라로 승천하시어 하나님 우편에 앉으시어 우리들을 위해서 계속 기도하시고 계십니다. 우리가 그분을 믿고 나의 모든 죄를 회개하고 예수님의 이름으로 용서함을 구할 때 하나님께서는 우리의 모든 죄를 용서하여 주시고 하나님의 자녀로 삼아 주시어 구원을 시켜 주시어 천국 백성이 됩니다. 곧 거듭난 삶을 살아갈 수가 있는 것입니다.

한 번 구원받은 하나님의 자녀는 하나님께서 끝까지 사랑해 주시고 인내해 주시고 은혜를 베푸시는 분이십니다. "내가 확신하노니 사망이나 생명이나 천사들이나 권세자들이나 현재 일이나 장래 일이나 능력이나 높음이나 깊음이나 다른 여느 피조물이라도 우리를 우리 주 그리스도 예수 안에 있는 하나님의 사랑에서 끊을 수 없으리라."(롬 8:38-39) 위의 말씀과 같이 우리 하나님의 자녀는 한 번 진정한 구원을 받으면 영원한 하나님의 자녀이므로 하나님께서 영원히 지켜 주십니다. 하나님의 자녀로서 구원에 대한 의심은 전혀 할 필요가 없는 것입니다.

다만 우리의 이 세상에서의 삶이 얼마나 하나님 말씀에 순종한 삶을 살았느냐의 정도에 따라 하늘나라 천국에 갔을 때 상급이 다른 것입니다. 로마서 5장 12절에 "기뻐하고 즐거워하라 하늘에서 너희의 상이 큼이라 너희 전에 있던 선지자들을 이같이 핍박하였느니라"와 같이 구원받은 하나님의 자녀인 우리들은 이 세상에서의 삶을 오직 하나님께서 좋아하시고 기뻐하실 일을 찾아서 하여, 하나님께 영광을 높여 드리는 삶이 믿는 자의 최고의 삶이라고 볼 수 있겠다.

즉 하나님의 은혜에 감사드리는 삶, 하나님을 찬양하는 삶, 하나님께서 기뻐하시는 예배를 드리는 삶. 그리고 하나님께서 가장 기뻐하시는 전도하는 생을 살아가므로 하나님 영광 높여 드리는 삶이 곧 우리 구원받은 자들의 삶의 목적이 될 때에 가장 아름답고 행복한 삶을 살아갈 수 있다고 볼 수 있는 것입니다.

하나님의 뜻과
때를 기다리는 마음

우리 예수님을 믿는 자는 신앙생활을 하면서 개인적인 기도, 가족을 위한 기도, 교회를 위한 기도 또 남을 위한 기도 등 여러 가지 기도 제목을 가지고 날마다 주님께 기도를 하면서 살아가고 있다.

기도는 영혼의 호흡이므로 영혼이 건강하게 살아 움직이려면 육신이 늘 호흡을 하듯이 영혼도 날마다 기도를 하면서 살아가는 자가 되어야 하겠다. 우리가 살아가면서 늘 기도해야 하는 이유가 아래의 성경 구절을 통해서도 알 수가 있다.

아무것도 염려하지 말고 다만 모든 일에 기도와 간구로 너희 구할 것을 감사함으로 하나님께 아뢰라 그리하면 모든 지각에 뛰어난 하나님의 평강이 그리스도 예수 안에서 너희 마음과 생각을 지키시리라

(빌립보서 4:6-7)

　너희 염려를 다 주께 맡기라 이는 그가 너희를 돌보심이라(베드로전서 5:7)

　구하라 그리하면 너희에게 주실 것이요 찾으라 그리하면 찾아낼 것이요 문을 두드리라 그리하면 너희에게 열릴 것이니(마태복음 7:7)

　너희가 내 이름으로 무엇을 구하든지 내가 시행하리니 이는 아버지로 하여금 아들을 인하여 영광을 얻으시게 하려 함이라 내 이름으로 무엇이든지 내게 구하면 내가 시행하리라(요 14:13-14)

　진실로 다시 너희에게 이르노니 너희 중에 두세 사람이 땅에서 합심하여 무엇이든지 구하면 하늘에 계신 내 아버지께서 저희를 위하여 이루게 하시리라 두세 사람이 내 이름으로 모인 곳에는 나도 그들 중에 있느니라(마태복음 18:19-20)

　이와 같이 날마다 기도할 수밖에 없는 우리들의 삶이다. 그러나 어떠한 기도 제목을 가지고 기도를 하더라도 하나님의 뜻에 합당하고 하나님의 영광을 높이는 기도 제목들이 되어야 하겠다. 그래야만 하나님께서 흔쾌히 들어주시고 응답해 주실 것이다. 그런데 우리가 살아가면서 너무 인간적인 욕심과 정욕으로 기도하면서 하나님의 응답이 없다고 하소연할 때는 없었는지 한번 돌아보아야 하겠다.

　우리가 기도하는 모든 것을 하나님께서는 들어 응답하여 주신다. 기도 제목이 이루어져도 하나님께서 들어주신 것이고 기도 제목이 이루어지지 않은 것도 하나님의 관점에서는 응답을 해 주신 것이다. 그러니 기도 제목이 이루어져도 또 응답이 없어도 모든 게 다 하나님의 뜻이라고 생각하는 게 마음이 편하고 또 하나님의 뜻과 때를 기다리는 마음의 여유가 우리는 필요로 할 것으로 본다. 이 글을 읽는 모든 분들에게 하나님과 동행하는 삶으로 마음의 화평을 누리는 복된 삶이 늘 이어지기를 간절하게 기도드립니다.

우리의 생각이
어디에 있을 때가 행복할까?

사람은 본디 많은 생각들을 하면서 살아갈 수밖에 없는 게 현실이다. 어릴 적에는 배고플 때 울면 어머니가 먹여 주시고 아프고 열이 나서 울면 병원에 데려가 주시고 먹고 대소변을 기저귀에 하여도 갈아 주시고 씻겨 주시기에 생각을 단순하게 할 수밖에 없다. 그저 먹고 자고 또 깨어서 어머니와 가족의 얼굴을 보면서 익혀 간다. 이 어린아이의 생각은 어디에 있을까? 자신이 무언가 불편할 때에는 울면서 얼굴 표정으로 표현을 하지만 잘 놀고 있을 때에는 무슨 생각, 무슨 걱정을 할까? 아마 아무런 걱정도, 아무런 생각도 없을 것이다. 특별히 행복감을 느낀다는 것도 아니지만 그렇다고 큰 근심 걱정거리도 없는 아주 단순한 삶으로 느껴진다. 하지만 아기가 점점 커 가면서 초등학교를 지나 중고등학생이 되어 사춘기 시절을 겪게 될 때쯤이면 더욱 많은 생각과 고민도 하는 모습을 볼 수 있다. 어떤 옷을 입을까, 어떻게 하면 좋은 이성 친구를 만날 수 있을까? 이미 찾았다면 어떻게 이야기를 한 번 나누어 볼 수 있을까? 그리고 어떻게 하면 공부를 잘해서 좋은 학교로 갈 수 있을까? 여러 가지 고민과 걱정거리가 밀려오는 청소년 시절의 아이들에게 무엇이 가장 필요로 한 것일까? 하고 질문을 던져 보았다. 나는 그 질문에 대한 답변을 이렇게 하고 싶다. 청소년 시절에 가장 중요한 것은 그 아이들에게 올바른 신앙관을 심어 주는 것이다. 마음속에 예수 그리스도의 십자가의 보혈의 공로로 하나님의 자녀가 된 것을 고백하고 평생 하나님을 잘 믿고 경외하는 삶을 살아가는 마음을 자리 잡게 해 주는 것이 가장 중요하다고 본다.

그리고 그다음에는 마음속에 남에게 도움을 주고 베푸는 마음을 심어 주는 게 아주 필요하다고 본다. 그 청소년이 자라 성인이 되었을 때 좀 더 행복한 삶을 살아갈 수 있는 길을 만들어 주는 역할이 바로 마음속에 남을 돕는 마음이 자리 잡게 해 주는 것이라고 본다. 성인이 되었고 또 자녀를 두게 된 부모인 우리들의 생각을 어디에 두고 있을 때 행복한 마음이 들까? 우리들이 누구에게 도움을 주고 싶은 마음이 생기고 또 남을 돕는 일이 있을 때에 나의 욕심과 정욕을 배제하고 어떻게 하면 남을 더 도울 수 있는 일이 있을까 하고 늘 생각하게 된다. 그리고 그런 생각을 하면서 남을 돕고 있는 그 모습 자체가 곧 나의 행복이 되는 것이다.

늘 하나님을 신뢰하고 그분을 경외하는 삶을 살아가면서 나도 누군가를 도울 수 있다는 작은 마음이라도 우리들의 마음속에 자리 잡을 때, 그때부터 우리들의 행복은 시작이 되는 것이다. 자, 그럼 우리 같이 행복의 나라로 한번 여행해 보지 않으시겠습니까?

나의 기쁨 나의 소망 되신 주

우리가 신앙생활을 하면서 기쁨이 사라지고 눈물이 사라지면 한 번쯤 우리의 신앙을 점검해 볼 필요가 있다고 봅니다. 그 원인이 나에게 있을 수도 있고 또 주변 환경의 영향으로 그렇지 못한 경우도 있다고 봅니다. 주변 환경이 어떠하더라도 늘 기쁨이 있고 눈물이 있는 신앙을 우리가 가질 수 있다면 최고의 믿음이요, 성숙된 믿음이란 생각을 해 봅니다.

우리의 주변 환경이 아무리 힘들고 어려움이 온다 할지라도 또 고난이 온다 할지라도 그 모든 것들을 통하여 하나님의 뜻을 이루시는 주님의 임재하심으로 받아들일 수 있는 신앙이 될 때에 우리는 그 고난을 이겨 낼 수 있고 비록 기쁨과 눈물이 메말라 갈지라도 하나님과의 동행을, 하나님을 신뢰하고 기도하는 일을 게을리하지 않을 때에 하나님은 우리를 대신해서 하나님의 뜻을 이루시기 위해서 일을 해 주심을 우리는 알아야 하겠습니다.

아침 일찍 교회에 가서 새벽에 기도를 드리고 집 주변을 걸으면서 산책을 하는 중 나의 입에서 "나의 기쁨 나의 소망 되시며 나의 생명이 되신 주 밤낮 불러서 찬송을 드려도 늘 아쉰 마음뿐일세" 하고 찬송이 저절로 나옴을 느꼈으며 그렇게 찬송이 나오게끔 이끌어 주신 성령님께 한없이 감사하고 감사한 마음이 들었습니다. 그동안 새벽 기도회가 없어서 매일 새벽에 교회를 가지 못하다가 최근 들어 매일 새벽에 교회에서 새벽 기도를 할 수 있어서 3주째 하고 있는데, 새벽 기도를 통하여 메말라 있던 영혼을 일깨워 주시고 또 그동안 잃어버렸던 눈물의 기도를 회복시켜 주시고 하나님께 더욱 간절하게 하나님의 뜻과 하나님의 계획을, 하나님의 때에 따라서 우리 교회를 올바르게 하나님께서 원하시는 방향으로 이끌어 주시도록 더욱 간절하게 기도할 수 있어서 얼마나 감사한 일인지 모릅니다. 교회가 교회로서 하나님이 원하시는 방향으로 가려면 하나님께서 기뻐하시는 일들을 해 나갈 때가 되어진다고 봅니다. 즉 하나님께서 가장 기뻐하시는 것 중의 하나인 예배드리는 것을 귀하게 여기고 자주 예배를 드리고 또 늘 말씀과 기도 그리고 찬양이 풍성하여서 하나님 영광을 드높여 드리고 또 성도들은 성령 충만한 생활로 하나님과 늘 동행하는 삶을 살아갈 때에 기쁨과 소망이 함께할 수 있다고 봅니다.

나에게 눈물의 기도를 그리고 나의 기쁨, 나의 소망 도신 주님을 찬양하는 마음이 다시 찾아올 수 있게 해 주신 성령님께 한없이 감사한 마음이 들어서 오늘 아침에 이 글을 적어 봅니다.

우리의 신앙생활은 하나님을 신뢰하고 하나님을 경외하는 마음으로 그리고 하나님의 사랑과 은혜에 감사한 눈물, 나의 죄를 회개하고 깨끗함을 주심에 감사해 드리는 감사의 눈물, 입술로 찬양을 마음껏 하면서 오는 감격의 눈물이 넘치는 삶이 될 때에 하나님은 늘 나와 동행하심을 느끼므로 우리의 믿음 생활이 더욱 즐겁고 기쁜 것입니다. 앞으로 우리 교회와 또 우리 교회에 속한 모든 교인들이 이러한 기쁨과 소망을 함께할 수 있기를 간절하게 소망하는 마음입니다.

고난과 역경을 통하여
하나님의 뜻을 찾을 때

우리가 세상을 살아가면서 믿는 사람이든 믿지 않는 사람이든 고난과 역경을 경험하지 않은 사람은 아무도 없을 것이다. 그 정도의 차이가 다를 뿐이지 누구든지 인생사에 한두 번의 고난과 역경이 지나감을 볼 수 있다. 신앙생활에서도 마찬가지로 영적인 고난과 역경이 있다. 날마다 주님과 동행하는 삶으로 그 삶이 즐겁고 감사가 넘쳐야 하겠으나 때로는 기도문이 막히고 갑갑한 마음이 들어서 힘들어할 때가 있다. 그럴 때에 교회를 찾아가서 예배를 드리고 기도를 하므로 다시 회복이 되고 새로운 힘을 얻고 영적으로 다시 일어서서 앞으로 나아갈 수가 있게 된다.

하지만 예배를 통하여 또 기도를 통하여 회복은 되지 않고 오히려 상처를 받는 경우도 있다. 그러한 모습이 하루 이틀이 지나고 1년, 3년이 지나고 수년이 되어도 변화가 없다면 그 공동체는 성령의 역사가 일어나는 모습을 찾아보기는 거의 힘들다고 볼 수 있다.

하나님은 매사에 간섭하시고 임재 하시는 분이시다.

그러나 하나님은 인내도 참으로 잘해 주시는 분이시다.

그리고 또 하나님께서 보시기에 지금이 타이밍이라고 생각하시면 아무리 사람의 생각으로는 힘들고 안 될 것 같아도 금방 해결해 주시는 분이시다.

우리가 하나님의 뜻을 다 이해한다는 것은 불가능한 일이다. 그래서 날마다 주님과 동행하는 삶을 살아가므로 그분의 뜻과 계획을 찾아서 살아갈 수밖에 없는 것이 우리들의 삶인 것이다.

오늘도 내일도 하나님의 뜻대로 우리의 교회를 그리고 나의 삶을 살아갈 수 있게 매사에 간섭해 주시고 임재 하시는 주님을 날마다 만나는 삶을 살아갈 때는 어떠한 고난과 역경이 와도 우리는 극복할 수가 있게 된다.

그것은 성령의 능력으로 사람을 보기보다는 하나님만 바라볼 수 있는 생각과 마음을 주시는 그분의 도움이 있기 때문이라고 볼 수 있다.

세상 어디에 가도 나의 마음에 100% 만족하는 공동체는 찾아보기가 어렵다. 하지만 내가 그 공동체에 맞추어 살아가기 위해 마음으로 바꾸고 나면 나의 마음이 먼저 편안해지는 것이다.

2017년 하루를 남겨 둔 오늘도 하나님께서는 새로운 해를 준비해 두시고 우리들에게 함께 손잡고 가자고 손을 내밀어 우리의 손을 꼭 잡아 주시는 분이시다. 내가 주님의 손을 잡기 위해서 손을 내밀면 주님께서 나의 손을 잡아 주시므로 우리의 앞날에 어떤 어려움과 고난과 역경이 와도 넘어지지 않고 주님의 손에 붙들리어 살아갈 수 있어서 행복한 삶이 되는 것이다.

전적으로 하나님의 은혜로 구원받은 주님의 자녀로써 그분께 우리들의 공동체와 나의 삶을 맡길 수 있는 믿음으로 살아갈 수 있기를 간절하게 소망합니다.

진정으로 평안한 마음과 기쁨의
삶을 살아가기 위해서는…

잠이 잘 오지 않고 삶이 피곤해진다.

어떻게 하면 잠이 잘 오고 편안한 마음을 가지고 살아갈 수 있을까?

그 해답을 찾은 사람은 오늘도 편안한 마음으로 편안한 잠을 이룰 수가 있는 것이다.

성경 말씀에서 우리는 그 해답을 찾을 수가 있다.

빌립보서 4:4-7

주 안에서 항상 기뻐하라 내가 다시 말하노니 기뻐하라 너희 관용을 모든 사람에게 알게 하라 주께서 가까우시니라 아무것도 염려하지 말고 다만 모든 일에 기도와 간구로, 너희 구할 것을 감사함으로 하나님께 아뢰라 그리하면 모든 지각에 뛰어난 하나님의 평강이 그리스도 예수 안에서 너희 마음과 생각을 지키시리라

성경 말씀에는 분명한 해답을 주고 있다. 아무것도 염려하지 말고 모든 것을 하나님께 아뢰라고 하신다. 즉 그 말은 어떠한 근심이나 걱정되는 일이 있어도 하나님께 맡기고 먼저 기도하라는 것이다. 하나님께 기도한다는 것은 그분과 대화를 하는 것이요, 그분에게 아뢰는 것이다. 그때에 우리의 마음에는 평안이 찾아오고 하나님께서 주시는 참 기쁨이 넘치는 삶이 되는 것이다.

하나님의 말씀을 통하여 그 해답을 찾았지만 여전히 편안한 마음이 부족하다면 우리의 심령을 건드려 주시는 성령님의 임재하심을 경험하기 위해서 날마다 그분과의 동행하는 삶을 위해서 더욱 간구하고 갈망하고 소망하는 삶을 살아가야 하는 것이다.

그리고 인간적으로 가지고 있던 모든 자신의 생각과 계획을 하나님께 전적으로 맡기는 실천 단계가 필요하다.

시편 55:22

네 짐을 여호와께 맡기라 그가 너를 붙드시고 의인의 요동함을 영원히 허락하지 아니하시리로다

우리의 무거운 짐을 하나님께 맡기고 살아갈 때에 마음과 정신이 깨끗하게 맑아지고 홀가분하게 자유스러운 마음을 가질 수 있게 되는 것이다.

그럴 때에 하나님은 나를 내려놓고 겸손한 마음을 가지라고 하신다.

베드로전서 5:6-7

그러므로 하나님의 능하신 손 아래에서 겸손하라 때가 되면 너희를 높이시리라 너희 염려를 다 주께 맡기라 이는 그가 너희를 돌보심이라

겸손한 마음으로 살아간다는 게 쉽지는 않은 일이다. 그러나 나의 마음에 참 평안과 기쁨을 원한다면 반드시 겸손한 마음이 필수적인 덕목인 것이다.

참된 기쁨과 평안한 마음으로 편히 잠을 잘 자고 몸과 마음이 가벼워지고 자유스러워질 수 있는 길은

1. 오직 나의 모든 염려를 하나님께 맡기고 기도하는 것.
2. 나의 모든 짐을 하나님께 맡기고 성령의 인도함을 받는 삶을 살아가는 것.
3. 나의 생각과 고집을 내려놓고 겸손한 마음을 가지는 것.

위의 세 가지 일이 쉽지는 않은 일이지만 진정한 마음의 평안과 기쁨을 원한다면

그렇게 살아가는 길이 우리의 삶의 평강을 주는 해답임을 분

명하게 알 수가 있는 것이다.

하나님보다 더 사랑하는 것들을
내려놓을 때

우리는 교회를 다니며 크리스천이라고 하면서도 하나님보다 더 좋아하고 더 사랑하는 것들을
마음속에 간직하고 그것을 내려놓지 못함으로 오는 나의 완고함을 어떻게 해야 할까 하고
곰곰이 생각을 해 봅니다.

특히 자신을 돌아볼 때에 교회에서 직분을 맡아서 책임감 때문에 봉사하는 자들에게는 한 번쯤 생각해 볼 필요가 있다고 봅니다.

맡은 일을 성실하게 책임감 있게 하는 것은 좋은 것이다. 그러나 하나님 사랑하고 이웃 사랑하는 것보다
그것이 우선이 되면 하나님의 진정한 뜻이 아니란 것을 알아야 하겠습니다.

성경에서 예수님은 사랑의 대상은 첫째는 하나님 사랑이고 그 다음은 이웃 사랑이라고 했습니다.

마태복음 22장 37-40절

예수께서 이르시되 네 마음을 다하고 목숨을 다하고 뜻을 다하여 주 너의 하나님을 사랑하라 하셨으니 이것이 크고 첫째 되는 계명이요, 둘째도 그와 같으니 네 이웃을 네 자신같이 사랑하라 하셨으니 이 두 계명이 온 율법과 선지자의 강령이니라

위의 성경 구절을 보면 첫째 계명인 하나님 사랑과 둘째 계명인 이웃 사랑을 하지 못하고, 교회 안에서든 밖에서든 그 무엇을 하는 것들은 우상이 될 수 있고 자신의 욕심이 될 수 있는 것으로 볼 수가 있습니다.

즉 무엇을 하든지 늘 하나님 사랑과 이웃 사랑 가운데 하여야 한다는 것입니다.

때로는 교회를 사랑한다고, 교회 일을 한다고, 교인들을 위하여 일한다고 하면서도 이 두 계명을 경홀하게 여긴 적은 없는지 다시 뒤돌아보게 됩니다.

하나님께서 원하시고 기뻐하실 일이 무엇인가를 먼저 생각하여야 하는데 때로는 나의 생각과 나의 계획으로 일을 한 적은 없는지 뒤돌아보아야 하겠습니다.

하나님께서 기뻐하시고 하나님께서 좋아하실 일들만을 할 수 있는 삶을 살아갈 수 있기를 간절하게

소망합니다. 그것이 곧 나의 행복이요, 나의 기쁨이 되는 삶이 될 것입니다.

주님 회복시켜 주세요

주일이 되면 오전 일찍이 유튜브를 이용하여 한국의 목사님 중 마음에 와닿고 또 은혜가 많이 되는 분들의 설교 말씀을 듣는다. 주로 유기성 목사님의 설교를 자주 듣고 은혜를 받으며 주일 아침을 맞이한다. 그리고는 내 마음을 울리는 찬양을 통하여 약 30분간 집안의 전체가 찬양으로 가득 차게 해 놓고 귀로 듣고 또 눈으로 보며 마음에 평안함을 느낀다. 그 후 옷을 갈아입고 주일 예배를 드리러 차를 타고 교회로 가는 것이 일요일의 나의 일상생활이 되었다.

그러던 어느 날 교회에서 약 20분 동안 찬양을 힘차게, 은혜스럽게 부르고 이어서 목사님의 설교가 이어졌다. 그날따라 목사님의 설교가 귀와 마음에 와닿으면서 가슴이 뭉클해지는 느낌을 받았다.

목사님의 설교 내용의 요지는 '우리는 하나님께 날마다 기도를 해야 한다. 그리고 네 가지를 가지고 하나님과 대화를 하면서 아뢰어라'는 내용이다.

첫째, 하나님 죄송합니다.

둘째, 하나님 저를 용서해 주세요.

셋째, 하나님 저를 회복시켜 주세요.

넷째, 하나님 도와주세요. 더 이상 주님과 멀어지지 않도록 지켜 주세요.

위와 같은 내용의 기도를 매일 하도록 하라는 것이다.

그래서 나는 그날 이후 매일 하나님께 이렇게 기도하기 시작했다.

'하나님, 감사합니다. 하나님, 죄송합니다. 하나님, 회복시켜 주세요. 하나님, 도와주세요.'라고 기도를 매일 하며 해당 문구를 사무실 컴퓨터 화면 속 메모지에 기록하여 두고는 매일 아침마다 기도를 드렸다. 그렇게 하니 하나님께서 주시는 참 평강이 나의 마음을 지켜 주시고 더욱 회복시켜 주심을 느끼며 살아갈 수 있는 이 나날들이 그저 감사한 나날이라고 고백하고 싶어졌다.

감사합니다를 중얼거리는 삶

우리가 세상에 태어나 살아가면서 느끼는 감정에는 여러 가지 종류가 있다. 아기가 태어나자마자 '으앙' 하고 울음을 터트리는 순간. '아기가 엄마 뱃속에서 세상으로 나왔습니다'라고 크게 외치는 소리는 아직 아무런 감정 없이 그냥 외치는 말일 것이다. 그러나 아기가 점점 자라면서 배가 고프면 배가 고파서 힘들다는 느낌을 받게 되고 어딘가 아프면 아프다는 느낌도 배우게 된다.

그렇게 자라며 부모님에 대한 고마운 마음을 가지는 느낌도 받지만 때로는 사춘기 시절, 부모님에 대한 반감이 생기면서 서운함도 느끼게 된다. 또 학교를 다니면서 이성에 눈을 뜨게 되면 누군가를 보고 싶어 하고 그리워하는 마음과 동시에 사랑하는 마음이 생기기도 한다. 또한 사랑하는 사람을 멀리 보내거나 헤어질 때에는 슬픈 감정을 느끼며 울기도 하는 것이 사람들의 일상이자 삶이다. 기쁨과 즐거움 그리고 고마움과 사랑하는 마음 등이 있는가 하면 슬픔과 외로움 그리고 괴로움과 미워하는 마음과 질투하는 마음 등 희로애락이 우리 인생사에 다 있다고 볼 수 있다.

그 모든 종류의 감정 중 '감사합니다'라고 말하고 진정으로 감사한 마음이 드는 건 참으로 행복한 순간이라는 생각이 든다. 우리가 세상을 살아갈 때에 감사한 게 한두 가지가 아닐 테지만 감사함을 느끼지 못하고서 살아가는 삶이 너무나 일상적인 삶이 된 것 같아 아쉬움이 느껴지기도 한다.

감사의 제목을 살펴보면 무궁무진하다. 먼저 나를 이 세상에 태어나게 해 주심에 감사할 수밖에 없다. 세상에 태어나기 전부터 내가 태어났을 때 필요로 한 모든 조건들을 이미 하나님께서 만들어 놓으셨음에 감사한 마음이 가득하다. 즉, 우리들에게 필요한 맑은 공기를 주시고 해와 달과 별을 주셨고 아름다운 자연을 주시어 그곳에서 즐기면서 살아갈 수 있는 환경을 주심에 감사할 수 있어야 하겠다. 또한 하루하루를 살아갈 수 있는 건강과 함께하는 가족들이 있다는 게 감사할 수 있는 이유라는 생각이 든다. 때문에 나는 어느 날부터 '감사합니다'를 하루에 수도 없이 외쳐 보기로 마음먹고 잠들기 전에 침대에 누워 손가락으로 세어 가면서 '감사합니다'를 백 번 정도 중얼거리다 보면 잠이 들고 어느새 꿈속으로 가 있다. 그 순간 또한 감사하다. 그리고 아침에 일어나서도 '새로운 날을 맞이하게 해 주심에 감사합니다'라고 말했다. 출근을 하여서도 사무실에서 하루의 일과를 시작하기 전에 큐티를 하고는 공책에 '감사합니다'와 'Thank you God'라고 열 번 적고는 하루를 시작할 수 있는 마음과 여건을 만들어 주신 하나님께 늘 감사한 마음이다.

큐티와 함께하는 삶

나는 어머니의 뱃속에서부터 교회를 다닌 모태 신앙을 가진 크리스천이다. 그러나 어릴 때에는 그저 어머니의 손을 잡고 교회에 가는 정도로 그쳤다가 중학교 3학년 어느 겨울 새벽 기도회 때, 나는 비로소 예수님을 삶의 주인으로 영접하고 새롭게 태어난 중생의 기쁨을 맞이하였다. 그리하여 그때부터 주일날 교회에 가서 예배를 드리는 것은 아주 당연한 나의 일상이 되었다. 식사할 때나 아침에 일어나자마자 또 저녁에 잠들기 전에 하나님께 기도하는 습관 역시 생활화되었다. 하지만 매일 시간을 내어 성경 말씀을 통한 큐티의 시간을 가지지 못하고 있을 때, 교회의 박집사님이 단체 카카오톡의 큐티 내용을 공유하는 곳에 나를 초대해 주었다.

내가 카카오톡 단체 방에 초대되었을 때는 이미 1,350여 명이 그곳 회원으로 함께하고 있었다. 그리고 매일 아침에 아프리카 케냐 선교사로 섬기시는 임은미 목사님의 큐티 내용을 그 단체 카톡에서 공유하고 있었다. 그리하여 나는 그 방을 통해 주중 아침 10시에 사무실에 출근하여서 일을 시작하기 전 내가 매일 하던 오늘의 말씀 묵상 내용을 먼저 하고, 40여 명의 카톡 친구이자 나의 믿음의 형제자매들에게 발송을 한 후 임 목사님의 큐티 내용을 음성으로 들었다. 동시에 같은 카카오톡 대화방을 관리하시는 최 권사님이 보내 주신 성경 한 구절을 공책에 적고 '감사합니다'를 10회 반복해서 적은 후에 하루를 시작하는 게 일상적인 생활이 되었다. 임 목사님의 큐티 내용을 들으면서 내게는 많은 도전 정신이 필요하다는 것, 그 외에 부끄러운 마음을 느끼게 될 때도 있다. 그분의 삶 자체가 온전히 하나님께 바치는 삶이고 매일 복음을 전하는 삶이라 그렇게도 많은 설교를 강행군하여도 늘 새로운 힘으로 임하시는 그 모습, 그리고 목사님 스스로 말씀하시듯이 죄를 지을 수 있는 시간과 마음의 여유가 없이 오직 복음 전파에만 몰두하시는 그 삶이 나에게는 많은 도전 정신을 부여하고 있다. 어떤 때 평일 날 바쁜 일이 생기어서 큐티를 먼저 하지 않으면 마음에 왠지 공허함이 느껴져 우선 큐티부터 하고는 일을 시작하는 습관이 나에게 생기게 되었다. 먼저 하나님께 그리고 임 목사님께 참으로 감사한 마음이 가득하다.

꿈꾸고 꿈을 품은 자

우리는 살아가면서 자녀들 또는 손주들에게 '너는 커서 무엇이 되고 싶니?'라는 질문을 많이 하곤 합니다.

어린 자녀들이 대답하기를 과학자, 대통령, 선생님, 가수, 화가, 축구 선수, 의사, 변호사 등 여러 가지 직업 또는 엄마, 아빠가 되고 싶다고들 하는 것을 보고 그 귀엽고 어린 자녀들이 튼튼하고 건강하게 잘 자라 주면 감사하겠다는 생각을 하곤 합니다.

어릴 때부터 자녀들에게 무엇이 되겠다는 꿈이 있다는 것은 참으로 감사할 일입니다.

살아가면서 무언가 이루겠다는 소망과 꿈이 있는 사람과 없는 사람은 크게 차이가 납니다.

꿈과 소망 없이 그저 매일 하루하루를 살아가는 것은 밋밋하고 희망 없이 포기한 삶같이 느껴질 수 있을 것입니다.

그러나 꿈과 소망을 가지고 살아가는 사람은 하루하루의 삶이 기다려지는 삶이고, 미래가 기다려지고, 즐겁고 기쁜 삶이 될 것입니다.

그런데 그 꿈과 소망을 가지는 것이 어린 자녀들에게만 필요한 것만은 아닙니다.

살아 숨 쉬는 모든 사람에게 필요로 한 것입니다.

어린 자녀들에게도, 청소년에게도, 나이가 많은 노년에도, 또 병이 들어서 누워 있는 환자에게도 꿈과 소망이 있는 삶이 되어야 하겠습니다.

그래야 삶의 의욕과 열정이 생기고 삶의 긍정적인 에너지가 넘치어 더욱 활발하고 즐거운 삶이 될 수가 있을 것입니다.

비록 나이가 들어서 노인이 되어서라도, 병이 들어서 누워 있는 환자일지라도 무엇인가 이루고자 하는 꿈이 있는 삶은 삶에 힘과 용기가 생기어서 날마다 하나님께 기도할 때에 그 꿈이 하나님의 뜻 가운데 응답받을 수가 있는 것입니다.

하나님께서는 우리 사람들을 만드시고 예수 그리스도를 믿는 사람들에게는 하나님의 자녀 삼으시고 구원을 선물로 주시었습니다. 그리고는 그리스도 예수 안에서 선한 일을 위하여 지으심을 받은 자라고 하시었습니다. 또한 우리를 통하여 그 선한 일들을 행하게 하려 하심이라고 하십니다.

그러니 우리는 살아 숨 쉬고 있는 동안에는 어떠한 일이 있어도 꿈과 소망의 끈을 놓지 않고 끝까지 그 꿈을 이루려고 노력하는 삶을 살아가야 하겠습니다.

선한 일을 위해서 지으심을 받은 우리들의 삶이 선한 일을 많이 찾아서 하고 행하는 삶이 되어 하나님을 기쁘시게 하는 삶을 살아가야 하겠습니다.

우리 어른들은 어린 시절 자녀들과 손주에게 어릴 때부터 믿음으로 하나님의 선한 일을 많이 할 수 있는 꿈을 심어 주어야 하겠습니다.

어릴 때 자녀들이 뭔가를 잘하면 칭찬을 해 주고 그리고 하나님 영광 드높이는 큰 인물이 될 것이라고 희망적이고 긍정적인 말을 많이 해 주어야 하겠습니다.

어릴 때 부모로부터 많은 칭찬을 받고 또 부모의 기대가 어떤 것인지 알고 자란 아이들은 결코 부모의 기대를 저버리지 않고 반듯하게 잘 자란다는 것을 우리는 꼭 명심하여야 하겠습니다.

어릴 때부터 커서 무엇이 되겠다는 꿈도 아주 중요합니다. 어릴 때 가지는 그 꿈이 이루어졌을 때 하나님을 기쁘시게 해 드리고 하나님 영광 드높일 수 있는 꿈이라면 하나님께서는 반드시 이루게 해 주실 것입니다.

한국의 역대 대통령 중 중학생 때부터 대통령이 되겠다는 꿈을 가지고 그 꿈을 글로서 써 책상 위에 붙여 놓고 늘 기도하던 소년이 커서 실제로 대통령이 되었던 사례도 있었습니다.

그렇습니다. 우리들의 자녀들 그리고 손주들에게 올바른 신앙 교육을 시켜서 하나님과 함께하는 장래의 꿈을 가질 수 있게 도와주고 기도하는 우리들이 되어야 하겠습니다.

요즘은 2030 청년들이라고 표현을 하는 것을 볼 수가 있습니다. 이 청년들이 올바른 신앙관을 가지고 말씀 가운데 바로 서서 살아가는 자들이 많아야 교회가, 국가가 희망을 품을 수 있는 것입니다. 청년은 곧 교회와 국가의 큰 인적 자산이라고 볼 수가 있습니다.

이러한 청년들이 장래에 대해 밝고 긍정적이고 올바른 신앙을 가지고 살아가는 사회가 될 수 있도록 우리 어른들이 많이 기도해 주어야 하겠습니다.

나의 자녀 또는 나의 친지 그리고 아는 지인들의 자녀들인 청년들을 위해 늘 관심을 가지고 우리 어른들이 기도해 주어야 하겠습니다.

또한 청년인 본인들도 하나님 말씀 가운데 바르게 살아가는 신앙생활을 할 수 있도록 늘 노력하면서 살아가야 하겠습니다.

청년 때는 정욕이 넘치고, 하고 싶은 게 참으로 많은 때입니다. 이런 때에 항상 주님을 깨끗한 마음으로 부르는 자들과 함께 어울리도록 도와주어야 하겠습니다.

그래서 의와 믿음과 사랑과 화평을 쫓는 청년의 때를 맞이하고 또 그렇게 살아갈 수 있도록 어른들이 잘 도와주어야 하겠습니다.

나이가 들어서 직장을 그만두고 은퇴하여 꿈도 비전도 함께 사라져 그저 하루하루를 될 대로 되라는 식으로 살아간다면 삶은 지루하고 힘들어질 것입니다.

그러나 노년에도 꿈이 있다면 그 삶은 180도 달라질 것입니다.

그러니 우리는 노년이 되어도 마음에 꿈을 품고 그 꿈을 이루기 위해 살아가는 자가 되어야 하겠습니다.

성경에 나오는 인물 중 85세인 갈렙이 "그날에 여호와께서 말씀하신 이 산지를 내게 주소서"라고 외칩니다.

갈렙에게는 가나안 땅을 정복하고자 하는 비전이 있었습니다. 그 비전을 달성하기 위해 85세의 나이임에도 불구하고 갈렙은 더욱 강건하게 살아갈 수가 있었습니다. 비록 노년의 몸이지만 청년의 마음으로 그 비전을 바라보고 나아가며 살아가고 있는 것입니다.

우리가 노년이 되어도 무언가 자신에게 맞는 자신의 달란트

대로 하나님이 기뻐하실 일을 하고자 하여 꿈과 비전을 만들고, 그 꿈을 달성하기 위해서 더욱 열정을 가지고 살아가야 하겠습니다.

그럴 때에 노년의 삶이 더욱 살맛이 나고, 보람되고, 기쁨이 있는 행복한 여생을 보낼 수 있을 것으로 봅니다.

우리 모두 자손들을 위해 하나님과 함께하는 꿈과 비전을 가질 수 있도록 기도하고 도와주는 삶 그리고 노년이 되어도 하나님께서 주신 각자의 달란트에 맞는 꿈과 비전을 가지고서 즐겁고 기쁜 마음으로 살아갈 수 있다는 마음 품고 살아갈 수 있는 자가 되어야 하겠습니다.

삶의 우선순위를 어디에 둘 것인가?

사람은 누구나 살아가면서 먹고, 마시고, 입어야 살 수 있는 존재입니다. 그 어느 누구도 먹지 않고 마시지 않고서는 살아갈 수 없으며, 또 현대사회는 옷을 입고 살아갈 수밖에 없는 환경이 되어 있습니다.

어떤 상황에 직면할 때마다 우리는 늘 무엇을 먼저 해야 할 것인가에 대해서 고민을 하게 되고 또 생각을 많이 하면서 살아갈 수밖에 없는 환경에 접해 있다고 볼 수가 있습니다.

특히 최근 2년 동안에는 코로나의 영향으로 인해 일상의 형태가 코로나 시대 이전과는 많이 바뀌었다고 볼 수가 있겠습니다.

삶의 우선순위를 어디에 두느냐 하는 질문은 우리의 삶의 목적이 무엇에 있느냐를 결정하는 것이라고 볼 수가 있겠습니다.

'나의 삶의 목적을 어디에 둘 것인가?'라는 질문을 나 자신에게 한 번 던져 보았으면 합니다.

잘 먹고 잘 입고 좋은 집에서 살아가는 것이 삶의 목적입니까, 아니면 나의 자녀가 잘되어서 크게 성공하는 삶을 보는 것이 삶의 목적입니까.

이러한 질문에 대해 예수님께서는 마태복음 6장 33절로 우리들에게 이렇게 말씀해 주시었습니다.

> 너희는 먼저 그의 나라와 그의 의를 구하라. 그리하면 이 모든 것을 너희에게 더하시리라

우리는 살아가면서 먹고 살기 위해 그리고 노후의 삶을 위해, 젊을 때는 열심히 일을 하고 또 저축을 하고 준비를 미리 하는 삶을 살아가고 있습니다.

또한 자녀들을 낳은 후 그 자녀들이 커서 잘되고 성공하는 삶을 살기를 바라며 이런저런 공부를 많이 시키기도 합니다.

그런데 예수님께서는 너희는 먼저 그의 나라와 의를 구하라라는 말씀을 우리들에게 주시었습니다.

우리는 하나님의 나라와 의를 위해서 어떻게 살아가고 있으

신지요. 하던 일을 멈추고 교회에 가서 봉사 활동을 많이 하시는 지요. 아니면 내가 하던 일들을 멈추고 종일 성경을 읽고 기도만 하여야 한다고 생각하시는지요.

만약 그렇게 생각하신다면 예수님의 말씀을 잘못 이해하였다는 생각을 해 보아야 합니다.

예수님은 세상을 살아가면서 작은 일에도 최선을 다하고, 그 일을 하는 목적이 나의 욕심을 위한 것이 아닌 하나님의 영광을 위한 일에 쓰겠다는 마음으로 하라는 것입니다.

학생은 열심히 공부해야 합니다. 공부를 하는 목적이 하나님의 영광을 드높이기 위한 것이라면 공부하는 목적이 달라지고 보다 더 열심히 할 수 있을 것입니다.

'먼저 하나님의 나라와 의를 구하는 삶을 살아가기 위해서 나는 무엇부터 우선적으로 하는 삶을 살아야 할까'를 먼저 생각해 보아야 하겠습니다.

첫째, 하나님과 함께하는 삶을 살아가야 하겠습니다.

어린 자녀들은 부모가 함께하지 않으면 불안하게 느낍니다. 그러나 부모가 함께 있든지, 혹은 누구든 나를 보호해 줄 어른이 함께한다면 마음을 놓고 잘 지내는 것을 볼 수가 있습니다.

우리들 역시 이 세상 살아감에 있어서 나의 아버지이신 하나님께서 나와 함께하신다는 생각이 들면 마음이 든든해지고 평안함을 느끼게 됩니다.

그러나 하나님을 믿지 않는 사람들은 그런 생각과 마음이 없이 그냥 지낼 것입니다.

그래서 우리같이 믿는 사람들에게 삶의 가장 우선순위는 무엇이라고 생각하시는지요?

그 무엇보다도 구원의 확신을 갖는 믿음이 있어야 하겠습니다. 내가 지금 이 순간 죽어도 하나님 나라 저 천국에 간다는 마음의 확신을 가질 수가 있어야 하는 것이 최우선적인 것입니다.

그러면 어떻게 하면 구원의 확신을 가질 수 있을까요.

성경 요한복음 10:27-28에 보면

"내 양은 내 음성을 들으며 나는 저희를 알며 저희는 나를 따르느니라 내가 저희에게 영생을 주노니 영원히 멸망치 아니할 터이요 또 저희를 내 손에서 빼앗을 자가 없느니라"라고 하십니다.

우리에게 구원의 확신을 주고 영원한 생명을 주실 분은 오직 예수님밖에 없습니다. 우리는 예수님의 양들이고 예수님은 우리들의 영원한 목자이십니다.

하나님께서 죄인인 우리 사람들을 구원하시기 위해 이 세상에 하나뿐인 독생자 예수님을 보내 주시었고, 예수님은 이 세상에서 복음을 전하시다가 우리들의 죄를 대신해서 십자가에 못 박히시어 피 흘려 죽으시었습니다.

장사한 지 삼 일 만에 다시 부활하시어 하나님 나라 저 천국으로 가시어 우리들을 위해 늘 기도해 주시고 계십니다. 그리고 언젠가는 다시 재림해 오시겠다고 말씀하시었습니다. 믿는 모든 사람들을 영원한 저 천국으로 데리고 가시기 위해서 오신다는 것입니다.

우리는 위의 말씀 그대로 믿고 나의 죄를 회개하고 예수님의 십자가의 죽으심과 부활과 재림의 약속을 믿는 순간부터 구원을 받으신 것입니다.

더 이상 내가 구원받을 것인가 아닐 것인가에 대해서 의심하지 말아야 하겠습니다. 그저 구원받았다는 확신을 가지고 예수님의 말씀대로 예수님을 따르고 그 말씀 가운데 살아가도록 노력하는 삶을 살아야 하겠습니다.

구원의 확신을 가졌다는 것은 우리는 하나님의 자녀로 살아가는 것입니다.

하나님의 자녀가 되면 이 세상의 어느 누구도 하나님의 손에서 빼앗을 자가 없다고 하였습니다.

한 번 구원받은 확신이 생기면 그 구원은 영원히 유지가 되는 것입니다. 든든한 하나님 아버지가 나의 아버지이니 우리는 이 세상에서 살아갈 때에 두려워할 필요가 없는 것입니다.

염려할 필요가 없는 것입니다. 모든 것을 하나님께 맡기고 나아갈 때에 하나님은 항상 하나님의 자녀를 도와주시는 영원한 나의 편이 되어 주시기 때문입니다.

구원받은 천국 백성으로서 항상 하나님과 함께하는 삶을 살아가는 것이 우리들 삶의 우선순위가 되어야 하겠습니다. 하나님께서 이 세상에서도 항상 나와 함께하시고 또 먼훗날 죽어 저 천국에서도 항상 함께할 수 있는 삶을 기다리는 우리들이 되어야 하겠습니다.

둘째, 하나님의 명령에 순종하는 삶을 살아야 하겠습니다.

구원받은 천국 백성이란 하나님의 자녀가 되었다는 의미인 것입니다. 그러면 하나님의 자녀로서 나의 아버지이신 하나님의 명령에 순종하는 삶을 살아가는 것이 마땅한 것입니다.

하나님의 명령은 어떤 것이 있을까요. 그리고 어느 것부터 먼저 순종하며 살아가야 할지를 한번 생각해 보았으면 합니다. 하나님과 좋은 관계로 살아가려면 하나님께서 제일 싫어하시는 것을 우리는 하지 말아야 하겠습니다. 그리고 하라는 말씀은 순종하여 잘하면서 살아가야 하겠습니다.

그것이 무엇일까요.

하나님께서 시내산에서 모세를 통하여 직접 돌판에 새겨 주신 십계명 중 출애굽기 20장 1-17절을 보면 10개의 계명 중에 8개는 하지 말라는 말씀이고, 두 개는 하라는 말씀입니다.

그 말씀들을 잘 지키면서 살아가야만이 하나님과 좋은 관계로 유지가 될 수가 있겠습니다.

십계명의 제1 계명은 "너는 나 외에 다른 신들을 네게 있게 말지니라"라고 하였습니다.

그리고 제2 계명에는 "너를 위하여 새긴 우상을 만들지 말고 아무 형상이든지 만들지 말아야 하며 그것들에게 절하지 말아야 하며 그것들을 섬기지 말라"라고 하십니다.

그리고 "하나님의 이름을 망령되이 일컫지 말라, 살인하지 말라, 간음하지 말라, 도적질하지 말라, 거짓 증거 하지 말라, 남의 것을 탐내지 말라" 이렇게 8개 계명은 우리들에게 하지 말라 명령하시고 계십니다.

그리고 두 가지 명령은 하라 하시고 계십니다.

십계명 "제사는 안식을 기억하여 거룩하게 지키라 제오는 네 부모를 공경하라"라고 하십니다.

우리는 부모가 싫어하는 것이나 부부가 서로 싫어하는 것은 하지 않으려고 노력하며 살아가고 있습니다.

그런데 하물며 우리의 하나님 아버지께서 제일 싫어하시는 것을 하여서는 하나님과 좋은 관계로 지낼 수가 없는 것입니다.

최소한 하나님께서 직접 돌판에 새겨 주신 그 말씀 십계명을 잘 지키면서 살아가는 우리들이 되어야 하겠습니다. 그것이 곧 하나님의 명령에 순종하는 삶이며 또 하나님 아버지로부터 더욱 사랑받는 자녀의 삶이 되는 것입니다.

또한 성자의 하나님이신 예수님께서 직접 말씀해 주신 계명이 있습니다.

그 말씀은 마태복음 22장 37-39절입니다.

예수께서 가라사대 네 마음을 다하고 목숨을 다하고 뜻을 다하여 주 너의 하나님을 사랑하라 하셨으니 이것이 크고 첫째 되는 계명이요 둘째는 그와 같으니 네 이웃을 네 몸과 같이 사랑하라 하셨으니

우리는 누군가를 사랑하며 살아가야 하겠습니다. 누군가를 사랑하는 마음이 없으면 마음이 메말라 가고 마음이 강퍅해지는 것입니다.

그래서 예수님께서는 "하나님을 사랑하는 것이 첫째 계명이요"라고 하셨습니다. 또한 하나님만 사랑하고 이웃을 사랑하지

않는 것은 진정한 하나님 사랑이 아니라고 하시면서 "네 이웃을 사랑하라"라고 하십니다. 그것이 둘째 계명이라고 예수님께서 직접 말씀하신 것입니다.

구약에서는 율법을 많이 강조합니다. 하라는 율법은 248개, 하지 말라는 율법은 365개로서 통합 613개의 율법이 있습니다. 우리는 현실적으로 그 율법들을 다 지키면서 살아갈 수가 없습니다. 그리하여 신약 시대에 와서는 예수님께서 율법을 폐하시고 예수님께서 하나님을 사랑하고 이웃을 사랑하라는 두 가지 계명을 우리들에게 주셨습니다.

그러나 구약의 율법 중 십계명, 즉 하나님께서 직접 돌판에 새겨 주신 그 계명을 우리는 잘 지키면서 살아가야 하겠습니다. 하나님께서 말씀하시기를, "내 계명을 지키는 자에게는 천대까지 은혜를 베푸느니라"라고 하셨으니 우리는 잘 지키면서 살아가야 하겠습니다. 뿐만 아니라 예수님께서 주신 두 계명 하나님을 사랑하고 이웃을 사랑하는 계명을 잘 지키면서 살아가는 우리들이 되어야 하겠습니다.

그렇게 하나님께서 직접 주신 십계명과 예수님께서 주신 두 가지 계명을 잘 지키면서 살아가는 자는 하나님의 은혜를 천대까지 받으며 살아갈 수 있는 복된 가정이 될 것으로 믿습니다. 오늘 말씀을 함께 나누는 저와 여러분의 가정이 이러한 하나님의 은혜를 늘 풍성하게 누리시는 가정이 되기를 소망하며 바라겠습니다.

셋째, 우리는 하나님이 좋아하시는 것을 하며 살아야 하겠습니다.

하나님 아버지는 우리가 무엇을 하는 것을 좋아하신다고 여러분은 생각하시는지요?

교회 일에 열심히 봉사하는 일일까요, 아니면 열심히 성경 읽고 열심히 기도하는 것일까요. 또 아니면, 남들을 많이 도와주는 일일까요?

네, 그렇습니다. 물론 이러한 것들도 하나님께서는 좋아하시겠지만 진정코 하나님께서 최고로 좋아하시는 것은 무엇일까요?

구약 시대에는 하나님께 제사를 드리면서 하나님께 영광을 드높였지만 신약 시대에 와서는 하나님께 예배를 통하여서 하나님께 영광을 드리는 것. 하나님은 그것을 참으로 좋아하십니다.

말씀과 찬양과 기도로 하나님께 예배를 드린다는 것은 그 예배를 통하여서 하나님 영광 드높이어 드리는 것에 최고의 목적이 있는 것입니다.

시편 66:4절에

"온땅이 주께 경배하고 주를 노래하며 주의 이름을 노래하리이다 할지어다"라고 하였습니다.

그러니 우리는 주님을 경배하고 주님을 찬양하고 주님의 이름을 노래하며 높여 드려야 하겠습니다.

그리고 예배를 드릴 때에는 요한복음 4장 24절에

"하나님은 영이시니 예배하는 자가 신령과 진정으로 예배할지니라"라고 하였습니다.

우리는 예배를 드릴 때에 신령과 진정으로 예배를 드려야 할 것이며 온몸과 마음과 정성을 다해 예배를 드려야 하겠습니다.

때로는 예배를 통하여서 위로를 받고 은혜를 받기도 하지만 예배의 근본적인 목적은 예배를 통하여 하나님을 찬양하고 하나님께 경배를 드리므로 하나님 영광 돌리는 것이 바로 예배인 것입니다.

그러니 우리는 예배 참석을 게을리해서는 안 되겠습니다. 어떤 일이 있어도 주일 예배에 꼭 참석하여서 예배를 드리는 습관이 잘 되어 있어야 하겠습니다.

또 하나님께서는 안 믿는 자에게 전도하고 복음을 전하는 일을 하는 것을 참으로 좋아하십니다.

요한복음 14장 6절

예수께서 이르시되 내가 곧 길이요 진리요 생명이니 나로 말미암지 않고는 아버지께로 올 자가 없느니라

그렇습니다. 예수님은 우리의 삶의 길이요, 진리이십니다. 오직 그분만을 통하여서 영원한 생명을 가지는 하나님 나라에 들어갈 수가 있는 것입니다. 이것이 곧 복음인 것입니다. 이 복음을 많은 사람들에게 전하는 것을 우리의 아버지이신 하나님께서 참으로 좋아하시는 것입니다. 그러니 우리는 복음을 많이 전하는 삶을 살아가야 하겠습니다.

사도행전 1장 8절

오직 성령이 너희에게 임하시면 너희가 권능을 받고 예루살렘과 온 유대와 사마리아와 땅끝까지 이르러 내 증인이 되리라 하시니라

성령이 우리들에게 임하시면 우리도 땅끝까지 복음을 전할 수 있는 능력을 가진 증인이 될 수가 있는 것입니다.

그러니 날마다 깨어 기도하면서 성령이 함께하는 삶이 되게 해 달라고 그리고 복음을 전하는 자가 되게 해 달라고 주님께 날마다 기도하는 삶을 살아가는 우리가 되어야 하겠습니다.

왜냐하면 우리의 아버지이신 하나님께서 참으로 좋아하시는 일이니 우리는 그렇게 하며 살기를 노력해 나가야 하겠습니다.

7부

책을 마무리하고
인생 2막을 준비하면서

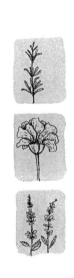

한국 나이로 59세까지는 인생 1막으로 보고, 60세부터는 인생 2막이란 생각을 가지고 지금까지의 삶과는 좀 다르게 살아가고 싶은 마음이 강하게 다가왔다. 즉, 지금까지는 나 자신과 나의 가족의 삶을 위해 직장 생활과 개인 사업 등을 하면서 많은 시간과 노력을 들인 삶이었다고 볼 수 있다. 선교에 있어서도 개인 선교를 하여 왔으며, 개인적으로 선교에 관심이 있었기에 신학 공부도 하여서 목회학 석사와 선교학 박사 학위를 받았다. 또한 G2G 선교 센터를 미국에서 비영리 제단으로 등록을 하여서 선교 지원을 하고, 선교 센터를 운영하기 위한 기초를 다져 놓은 상태이다. 인생 2막인 60세부터는 내가 가지고 있는 재능과 은사를 나누고 봉사하는 삶, 섬기는 삶 등을 하며 살아감으로써 진정한 행복을 더 느끼며 살아가고 싶은 마음이 든다. 인생 1막은 자녀들을 공부시키고 결혼을 시키어 가정을 이루도록 하는 데까지의 삶이었다. 이제는 부부 둘만의 시간도 더 가지고 또 지역 사회를 섬기고 봉사하는 삶을 살아가고 싶다. 그러다 보면 많은 이야기거리들이 생기게 될 것이고, 그 내용들을 다시 글로써 남겨 나가고 싶다. 인생 2막부터는 손주들의 재롱과 손주들이 커가는 모습을 보며 활짝 웃는, 손주들의 친구가 되어 줄 수 있는 할아버지가 되고 싶다.

우선 60세가 되는 해부터는 나의 자녀들을 믿음으로 교육시키고 미국 동부의 명문대학을 진학시켜서 졸업을 하고, 또 미국에서 전문적인 직업을 가지고 딸 둘에 아들 하나, 세 자녀 모두가 20대 중반에 결혼(사위 둘과 며느리도 전문적인 직업을 가진 크리스천 배우자)을 하여서 아름다운 믿음의 가정을 이루어 간 내용들을 잘 정리를 할 것이다. 또한 자녀 교육, 진로, 결혼에 관한 내용들을 주제로 지역 사회 자녀들의 학부모들에게 가정 세미나를 들려줌으로써, 하나님께서 주신 은사를 함께 나누고 싶다. 그 외에도 방문, 전화, 메신저, 이메일 상담을 통하여 도움을 드리고 싶은 마음을 담아 준비하고 있다.

이 가정 세미나는 나의 어떤 자랑을 하려는 게 아니고, 오직 하나님의 영광을 드높이고 믿음으로 자녀들을 잘 양육하여 부모들의 희망 사항과 소망하는 것들이 하나님의 뜻과 계획 안에서 잘 성취되기를 간절하게 소망하는 마음으로 기도하며 준비 중이다. 또한 하나님의 은혜로 세 자녀들을 말씀 가운데 양육하고, 믿음의 가정을 이루게 한 내용과 하나님과 함께한 나의 인생 이야기를 간증하는 간증 설교를 준비하여 많은 사람들에게 하나님의 크신 사랑과 은혜를 함께 나누고 공유하고자 한다.

인생 2막에서는 베풀고 나누는 삶에 대한 이야기와 손주들과의 친구가 되어 준 나의 친구의 손주들의 이야기, 그리고 인생 2막을 준비하는 사람들에게 도움이 될 수 있는 여러 가지 지혜와 지식과 경험을 나누는 이야기들을 글로써 남기고 싶은 마음이 든다.

크리스천 자녀 교육, 결혼을 어떻게 시켰어요?